Reihe LenoZ, Band 12

Ulrich Baer, geboren 1945 in Berlin. Diplom-Pädagoge. (Schwerpunkt: Sozialpädagogik). Nach einjähriger Arbeit als Verlagslektor drei Jahre Assistent an der Pädagogischen Hochschule Dortmund. 1973–1980 Dozent für Spielpädagogik an der Akademie Remscheid. 1979 Gründung des Kips – Kölner Institut für Pädagogik und Spiel. Herausgeber von „spiel-päd" (zweimonatlich erscheinende Arbeitsblätter zur Spielpädagogik). Jetzt als Fortbildungsdozent und Journalist in Hannover. Zahlreiche Veröffentlichungen zur kulturellen Jugendarbeit und Erwachsenenbildung.

Ulrich Baer
Wörterbuch der Spielpädagogik

Mitautoren:

Peter Berker, Münster
Harry Bösecke, Köln
Eckart Bücken, Düsseldorf
Hajo Bücken, Bremen
Edeltrud Freitag-Becker, Essen
Peter Grossniklaus, Basel
Dr. Jürgen W. Kleindiek, München
Gunda Müller, Hannover
Bernhard Pacho, Köln
Peter Paulich, Köln/München
Bärbel Sabbas, Düsseldorf

Band 12 der Reihe LenoZ
Lenos Verlag/Z-Verlag, Basel

Copyright 1981 by Lenos Verlag und Z-Verlag, Basel
Alle Rechte vorbehalten
Satz und Gestaltung: Lenos Verlag, Basel
Umschlag: Konrad Bruckmann
Printed in Switzerland
ISBN 3 85787 088 5

Zu diesem Buch

Dieses Buch entspricht in verschiedenen Punkten nicht den Erwartungen, mit denen der Leser normalerweise ein 'Wörterbuch' zur Hand nimmt: Zum Beispiel haben sich die Autoren nur selten auf wissenschaftliche Erörterungen und Definitionen beschränkt, sondern sehr viele eigene spielpädagogische Erfahrungen verarbeitet und in zahlreiche methodische Beispiele und Hinweise einfliessen lassen.

Für ein Wörterbuch ist das eigentlich viel zu praktisch. Aber wir vermuten, dass unter unsern Lesern zahlreiche Erzieher, Sozialpädagogen, Sozialarbeiter, Gruppenleiter und Lehrer sein werden. Und das sind Praktiker, denen wir für ihren spielpädagogischen Alltag Hintergrundwissen, Fragestellungen und viele didaktische Tips liefern wollten.

Die Spielpädagogik wird noch immer ausserordentlich kontrovers diskutiert, besitzt noch keine einheitliche Theorie oder Didaktik. Deshalb musste die Darstellung vieler Stichwörter unfertig, offen und ergänzungsbedürftig bleiben. Dieses Wörterbuch ist deshalb nicht als Nachschlagewerk für gesetzmässige Erkenntnisse, sondern eher als Arbeitsbuch zu verstehen, das zum Denken, Diskutieren und zum Ausprobieren einlädt.

Schliesslich wollten die Autoren auch die Aura der scheinbaren Objektivität, die ein Lexikon oft umgibt, vermeiden. In den Stichwörtern wird Stellung bezogen, Partei ergriffen. Die Autoren tun nicht so, als gäbe es in der (Spiel-)Pädagogik einen neutralen Standpunkt.

Alle Autoren sind Mitarbeiter bei Kips, dem Kölner Institut für Pädagogik und Spiel oder bei der vergleichbaren Arbeitsgruppe BAPS in der Schweiz. Für Ihre Anfragen oder Rückmeldungen haben sie ein offenes Ohr:

Kips – U. Baer, Wullwinkel 29, D-3008 Garbsen 1
BAPS – Peter Grossniklaus, Adlerstrasse 7, CH-4052 Basel
Trotz vieler Verweise (so gekennzeichnet: →) erschliesst sich durch die Aufgliederung nach dem Alphabet nicht immer der Zusammenhang zwischen den einzelnen spielpädagogischen Stichworten.
Deshalb hier eine Liste mit allen wesentlichen Stichwörtern in einer systematischen Gruppierung:

Allgemeine Stichworte
Adressen
Arbeitsgemeinschaften
Beratungsstellen
Literatur zur Spielpädagogik
Material zur Spielpädagogik
Spielesammlungen
Spielpädagogik
Spielpädagogik in der BRD
Spielpädagogik in der Schweiz
Spielpädagogik in Österreich
Zeitschriften

Spieltheorie
Aggression und Spiel
Arbeit und Spiel
Ästhetische Erziehung und Spiel
Einteilung von Spielen
Erholung und Spiel
Funktion des Spiels
Gesellschaft und Spiel
Phantasie und Spiel
Spieldefinition
Spielentwicklung
Spieltheorie
Ziele der Spielpädagogik

Spieldidaktik
Analyse von Spielen
Angst beim Spielen
Bedingungen des Spiels
Erfinden und verändern
Gutes Spielzeug
Hemmungen, Spielhemmungen
Herstellen von Spielmaterial
Kartei, Spielkartei
Konkurrenz im Spiel
Kreativität und Spiel
Kriegsspielzeug
Lernen im Spiel
Phantasie und Spiel
Spielzeug
Veränderung von Spielen

Spielziele, -orte, -gelegenheiten
Abenteuerspielplatz
Diskothekspiele
Einstieg, Kennenlernen
Ferienspielaktion
Feste und Feiern
Friedenserziehung und Spiel
Geländespiel
Gruppendynamik und Spiel
Kindergarten und Spiel
Politische Bildung und Spiel
Schule und Spiel
Sexualerziehung und Spiel
Soziales Lernen und Spiel
Spielmobil
Spieliotheken
Spielplätze
Therapie und Spiel

Vorschulerziehung und Spiel
Ziele der Spielpädagogik

Zielgruppen
Familienspiele
geschlechtsspezifisches Spiel
Grossgruppenspiel
Jugendliche und Spiel
Kinderkulturarbeit
Kinder, Spiel und Erwachsene
Rollenspiel mit Jugendlichen

Spielleiterverhalten
Animation und Spiel
Animatives Spielleiterverhalten
Ausbildung zum Spielpädagogen
Auswertung von Spielen
Didaktik der Spielerziehung
Didaktisches Handeln
Fortbildungsmöglichkeiten
Planung von Spieleinheiten
Spielleiterverhalten

Spielformen: Bewegungsspiele
Action-Spiele
Bewegungsspiele
Erkundungsspiele
New Games
Rallye
Spielaktion, -projekt
Spielfest
Tanzspiele

Spielformen: Interaktionsspiele
Alternatives Spiel

Feedback-Spiele
Interaktionsspiele
Kennenlernspiele
Kim-, Wahrnehmungsspiele
Kommunikationsspiele
Konfliktspiele
Kooperationsspiele
Selbsterfahrungsspiele

Spielformen: Mediales Spiel
Malspiel
Materialspiele
Musikspiele
Spielaktion, -projekt
Sprechspiele
Wortspiele

Spielformen: Darstellendes Spiel
Figurentheater
Fingerspiel
Klamauk-Spiele
Marionettenspiel
Maskenspiel
Mitspieltheater
Pantomimisches Spiel
Planspiel
Puppenspiel
Rollenspiel, – mit Jugendlichen
Schattenspiel
Stegreifspiel
Szenisches Spiel
Theaterspiel

Spielformen, sonstige:
Ätsch-Spiele

Brettspiele
Didaktisches Spielmaterial
Geschlechtsrollen und Spiel
Glücksspiel
Kartenspiel

Abenteuerspielplatz

Städte sind darauf angewiesen, eine spezielle Planung für Spielplätze zu entwickeln. Durch die Verdichtung der Städte, das Betonieren freier Gelände, ist es notwendig, geeignete Spielräume für Kinder zu entwickeln. *Abenteuerspielplätze sollen den Kindern eine für sie nicht mehr verfügbare Umwelt zurückgeben und gleichzeitig den Kindern neue Erfahrungsbereiche eröffnen. Hierzu können die Kinder mit den verschiedensten Materialien arbeiten: Werkzeuge, Holz, Feuer, Wasser, Erde, Matsch, etc. Auf Abenteuerspielplätzen gibt es eine pädagogische Betreuung, d.h. erwachsene, aktive Bezugspersonen.*
Die Arbeit auf Abenteuer-, Bau- und Aktivspielplätzen kann grob in fünf Erfahrungsfelder eingeteilt werden, die alle nur relativ geringen Verhaltenseinschränkungen unterliegen:
- handwerklicher Bereich
  Budenbau, Werkgruppen – Umgang mit den verschiedenen Werkzeugen und Materialien
- Natur/Umweltbereich
  Kleine Tieranlagen und der Bau von Stallungen ermöglichen den Kindern den Umgang mit Tieren, gerade auch dann, wenn die Kinder keine eigenen Haustiere haben.
- sozialer Bereich
  Das Zusammenleben in der Gruppe, gemeinsame Spiele und das gemeinsame Arbeiten ermöglicht soziales Lernen.
- kreativ-schöpferischer Bereich
  Themenangebote, wie Theater, Musik, Malen, etc. geben den Kindern die Möglichkeit sich kreativ und schöpferisch zu betätigen.
- senso-motorischer Bereich
  Körperliche Aktivitäten, wie Sport, Spiel und Tanz repräsentieren diesen Bereich.

Abenteuerspielplatz

Abenteuerspielplätze gibt es in der Bundesrepublik seit Ende der sechziger Jahre. Zusätzlich zu Räumen, in denen die Materialien und das Mitarbeiterbüro untergebracht sind, gibt es oft ein Spielhaus für Regentage und Winterbetrieb.

Abenteuerspielplätze sind bei den Anwohnern oft nicht sehr beliebt, weil diese sich vom Lärm belästigt fühlen.

Steht für Jugendliche keine angemessene Einrichtung zur Verfügung, so gibt es für die Mitarbeiter und Kinder oft Auseinandersetzungen mit Jugendgruppen (Einbrüche, nächtliche Feten usw.). Erschwerend kommt auf manchen Plätzen eine häufige Fluktuation der Mitarbeiter (Zivildienstleistende, Mitarbeiter in Arbeitsbeschaffungsmassnahmen) hinzu.
Trotz dieser Probleme, die den Schwierigkeiten von Jugendfreizeitheimen ähnlich sind, erscheinen uns vor allem dort, wo die natürliche Spielumwelt der Kinder zerstört wurde (Satellitenstädte), Abenteuerspielplätze als einzig sinnvolle Alternative.
Zur Zeit erleidet die ASP-Bewegung einen erzwungenen Stillstand, der vor alem auf knappen Finanzmitteln in öffentlichen Haushalten (Prioritäten werden eher beim Rüstungsetat gesetzt) beruht.
Bernhard Pacho/U.B.

'Action'-Spiele

„Komm, wir gehen wieder! Hier ist ja überhaupt nichts los!" Reaktion von Wolle S., l6 Jahre, auf den Alltag in einem städtischen Jugendzentrum.

'Action'-Spiele sind bewegungsintensive, spannungsgeladene Spiele, die von den Teilnehmern einen hohen Einsatz ihrer körperlichen und psychischen Fähigkeiten verlangen. Hierzu zählen vor allem Wettkampf- und Sportspiele, aber auch zahlreiche neuere Bewegungs-Spiele, wie etwa die 'new games'.
'Action'-Spiele vermitteln den Spielern das Erlebnis, das 'hier was los ist'. Körperliche Anstrengung, Risikobereitschaft und Reaktionsschnelligkeit sind notwendige Vor-

aussetzungen zum Mitspielen. Das Tempo der schnell wechselnden Spielsituation vermittelt den Spielern dabei eine hohe Erlebnisdichte, bei der kommunikative und auch aggressive Bedürfnisse ausagiert werden können. Beispiele siehe unter den Stichwörtern → Bewegungsspiele, und →new games.
U.B.

Adressen

Typisch für den gesellschaftlichen Status der Spielpädagogik ist es, dass viele spielpädagogische Institutionen semiprofessionell organisiert sind. Überwiegend handelt es sich um Arbeitsgruppen, die als eingetragener Verein etabliert sind, deren Mittel für Öffentlichkeitsarbeit jedoch so begrenzt sind, dass es sinnvoll erscheint, auch in einem Wörterbuch die Anschriften der wichtigsten Organisationen zu nennen.
Adressen finden Sie unter den Stichwörtern:
- → Arbeitsgemeinschaften
- → Aus- und Fortbildung
- → Material zur Spielpädagogik
- → Zeitschriften
- → Spielpädagogik in der Schweiz

U.B.

Aggression und Spiel

„... die täglich erfahrenen Lebensbedingungen im Beton. Wie sehen die aus? Zu enge Wohnungen für zu grosse Familien. Die Lebenshaltungskosten übersteigen die finanziellen Möglichkeiten vor allem vieler Arbeiterfamilien.

Aggression und Spiel

Fehlende soziale Folgeeinrichtungen lassen die Kinder/Jugendlichen zunehmend verwahrlosen, weil beide Eltern arbeiten müssen, Elternstress, Familienkrach, Schulfrust, feindliche Nachbarn, soziale Isolation – dazu die Perspektive von Arbeitslosigkeit und fehlender Lehrstelle: was muss in so einem Jugendlichen vorgehen? Immer nur Einschränkung, Unterordnung, Verzicht auf elementare Bedürfnis-Befriedigung: keine Möglichkeit, aktiv ins Leben einzugreifen, Einsamkeit und Entfremdung ..."
H.u.V. Paris: Aggression als Widerstand gegen gesellschaftliche Unterdrückung, Referat 1979

Für aggressives, also Menschen oder Sachen verletzendes oder zerstörendes Handeln wissen die Pädagogik, Psychologie und Soziologie viele Ursachentheorien. Wir schliessen uns der Meinung an, dass aggressives Verhalten gelernt wird (Modelle: Eltern, Geschwister, Helden in Medien usw.) und durch unterdrückende und frustrierende Umwelterfahrungen gefördert wird.

Im Spiel können die Ursachen von aggressivem Verhalten nicht verändert werden, auch jede →Spieltherapie kuriert nur die Symptome der gesellschaftlichen Verhältnisse. Allerdings kann z.B. im Rollenspiel bewusstgemacht werden, welche Aggressionsgründe vorliegen.

Wenn im Spiel ein Rollenwechsel das Einfühlen in den Partner ermöglicht, kann auch z.B. geklärt werden, ob dieser nicht der falsche Adressat für die Aggressionen war. Und im →Rollenspiel können auch andere Formen als die aggressive Art der Konfliktaustragung aufgezeigt werden. Aber hier werden auch die Grenzen des Spiels sichtbar: im Rollenspiel handeln *Personen*, und die dahinterliegenden strukturellen Zusammenhänge spiegeln sich allenfalls im individuellen Handeln, aber bleiben abstrakte Zusammenhänge der ausserspielerischen Wirklichkeit. Ein Rollenspiel verändert keine Wohnverhältnisse.

Neben der Aufklärungsfunktion kann mit Spiel auch kanalisierend auf aggressives Verhalten eingegangen werden: Spielregeln bei → Action-Spielen strukturieren aggressives Verhalten so, dass es zu einem fair empfundenen Kampf ohne wesentliche Verletzungsgefahren kommt. Solche → Bewegungsspiele können situative aggressive Stimmungen in Gruppen manchmal soweit abbauen, dass später über diese Situationen zugänglicher und konstruktiver gesprochen werden kann.

Bisher wurde nur von Aggressionen gesprochen, die sich unsozial gegen andere oder auch sich selbst richten. Mindestens so problematisch ist ein Mangel an aggressiven Verhaltenspotentialen: Kinder, Jugendliche oder auch Erwachsene, die sich nicht durchsetzen, sich nicht wehren können, schüchtern und hilflos den Angriffen und Interessenverwirklichungen der anderen ausgesetzt sind. Die Gruppendynamik und die Interaktionspädagogik haben viele Spiele zum Üben der Durchsetzungsfähigkeit und der Selbstbehauptung entwickelt.

Aber auch beim Mangel an Aggression kann nur langfristige Arbeit Erfolge bringen. Der Zusammenhang mit den gesellschaftlichen Ursachen muss hergestellt werden. Es bleibt die Frage offen, ob eine solche Spielpädagogik nicht immer bloss 'Flickschusterei' ist.

U.B.

Literatur:
'Spielpädagogik' Aggression in Spiel und Theater. Kongressbericht, hersg. von der Landesarbeitsgemeinschaft

Kulturelle Jugendbildung, Remscheid 1979
(Bezug: LKJ, Küppelstein 34, D-5630 Remscheid)

Aktivspielplätze

Ein abschwächendes, verharmlosendes Wort für → Abenteuerspielplätze, wird oft von eher konservativen Politikern benutzt.

Alternative Spiele

„Ich sah die Möglichkeit, Familien, Gruppen und einzelne zu einer Erfahrung zusammenzuführen, die sowohl Gemeinschaftsgefühl entstehen lässt wie dem persönlichen Ausdruck Raum gibt. Im Mittelpunkt sollte die Freude am Spiel, Kooperation und Vertrauen stehen und nicht der Wunsch zu gewinnen."
Pat Farrington, Mit-Erfinderin der 'new-games'-Spielfeste.
Zahlreiche Spiele sind in unserer entfremdeten Freizeitsituation keine Alternative zur gewöhnlichen Interaktionsstruktur und zur allgemeinen Arbeitsplatzsituation. In Spielhallen und im Fussballstadion, beim 'Risiko'- und 'Monopoly'-Spiel am Familientisch und mit den meisten Telespielen wird nicht anders gespielt als auch ansonsten gelebt und gearbeitet werden muss: leistungsorientiert, einseitig belastet, gegeneinander, auf's Gewinnen abgezielt, streng an starre Regeln geklammert. Dass das so ist, liegt vor allem daran, dass die Umgangsformen und Wertvorstellungen von den Schul- und Arbeitserfahrungen in die Freizeit mithinüber genommen werden. Für einen kurzen Spielabend kann man nicht ausbrechen.

Alternative Spiele

Dennoch steckt im Spiel grundsätzlich die Idee einer Alternative: gemeinsamer Spass, Seele-Geist-Körper werden zusammen gebraucht, nicht die Leistungsfixierung auf ein bestimmtes Ziel, sondern der Spielprozess selbst verschafft Befriedigung und Lustgewinn.

Man kann Spiele daraufhin analysieren, ob eher diese spiel-typischen Elemente oder die oben erwähnten entfremdeten Formen eine Rolle spielen. Alternative Spielregeln (→ Konkurrenz im Spiel) können eine alternative Verwendung der Spiele fördern, aber ohne eine alternative Einstellung wird das kaum gelingen: die Freude am Miteinander statt Gegeneinander entsteht nicht nur durch eine andere Spielregel. Nicht umsonst sind die → 'new games' in der kalifornischen Alternativ-Szene entstanden.

Es gibt noch eine weitere Gruppe alternativer Spiele: Brettspiele, bei denen zum formalen Spielprozess (z.B. würfeln, Figuren schlagen) ein Inhalt hinzukommt, der eine Bedeutung für das Leben der Spieler hat. Die meisten Spiele besitzen keinen Inhalt, z.B. Backgammon: es kommt nur auf das kluge Setzen der Steine an. Das ist auch beim Schach so, obwohl an diesem Spiel noch die Spuren seiner inhaltlichen Bedeutung zu sehen sind. Die Gestaltung der Figuren lässt uns noch erahnen, dass das Schachspiel ursprünglich den Inhalt hatte 'Kampf von zwei Armeen gegeneinander'. Alternativ ist ein Brettspiel nun noch nicht, wenn es einen Inhalt aufweist. Das tun 'Flottenmanöver' oder 'Monopoly' auch. Sondern wenn der Inhalt für den Spieler relevant ist: z.B. ein Kennenlernspiel, bei dem auf einigen Punkten des Spielplans Informationen ausgetauscht werden sollen. Ein anderes Beispiel wäre das Spiel 'Ein Indio darf den Tag nicht verschlafen', bei dem es darum geht, den spielenden Kindern die Lebenssituation eines Indiojungen nachvollziehbar zu machen.

Diese Spiele haben einen Lerninhalt, der — was mancher Skeptiker befürchtet — keineswegs im Widerspruch zum Spass am Spiel stehen muss.
U.B.

Analyse von Spielen

Spiele zu analysieren, das muss keineswegs nur für die — Forschung interessant sein! Einige Beispiele:

- *Ein Spielleiter sucht sich für die nächste Spielstunde aus einer Spielkartei einige Spiele heraus. Er möchte vor allem Kooperationsspiele machen. Wenn er dann die Spielbeschreibungen auf den Karten durchliest, dann macht er sich Gedanken darüber, wie die Spiele in seiner Gruppe wohl wirken werden, welche Kooperationsbereiche angesprochen werden, wie schwierig sie sind usw.: er analysiert!*
- *Eine Gruppe von Eltern spielt in einer Familienbildungsstätte einige Spiele durch, und nach jedem Spiel setzen sie sich kurz hin, um ein paar Kreuze auf einem Testbogen unterzubringen. Sie analysieren und bewerten Spiele, um dabei die Unterschiede zwischen Spielen herauszufinden, um bewusster wahrzunehmen, warum bestimmte Spiele so und nicht anders wirken.*
- *Eine Erzieherin kauft neues Spielmaterial für die Kindertagesstätte ein und lässt sich vom Händler mehrere Spiele vorlegen, prüft die Spielanleitungen und vergleicht die Spielregeln, aber auch die Haltbarkeit des Materials. Auch sie analysiert, um zu einer sinnvollen Auswahl zu kommen.*

Spiel ist eine spezifische Form menschlichen Verhaltens und deshalb kann an diese komplexe Tätigkeit mit allen

Analyse von Spielen

Spieltest

Das Spiel heißt:
und ist von:

....

Bei diesem Spiel kommt es

| Das "Zutreffende" bitte unterstreichen! |

hauptsächlich	auch	nicht	darauf an, daß einer oder eine Partei <u>gewinnt</u>.
hauptsächlich	auch	nicht	darauf an, daß man sich <u>gegenseitig unterstützt</u>.
hauptsächlich	auch	nicht	darauf an, daß man <u>Glück</u> hat.
hauptsächlich	auch	nicht	darauf an, daß man bestimmte <u>Fähigkeiten</u> (z.B. Geschicklichkeit) besitzt.

....

Dieses Spiel verlangt

viel	auch	kein(e)	Konzentration, Gedächtnis
viel	auch	keine	Geduld, Ausdauer
viel	auch	keine	körperliche Geschicklichkeit
viel	auch	keine	sprachliche Ausdrucksfähigkeiten
viel	auch	kein	Wissen über bestimmte Sachgebiete
viel	auch	kein(e)	taktisches Geschick, Übersicht, Kombinationsfähigkeit
viel	auch	kein	spontanes, ungewöhnliches Verhalten
viel	auch	kein(e)	Rücksichtnahme auf andere, Bereitschaft zur Zusammenarbeit
viel	auch	kein	Nachdenken über Dinge, die einen selbst betreffen

....

Dieses Spiel hat mir	viel	teilweise	wenig	Spaß gemacht
Dieses Spiel würde ich	gerne	unter Umständen	nicht	häufiger spielen
Dieses Spiel ist	für Kinder ab __ Jahren	für Jugendliche und Erwachsene	für die ganze Familie	geeignet

An diesem Spiel ist mir noch besonders aufgefallen: _____

_____

_____

Ich gebe dem Spiel die Gesamtnote: ⚀ ⚁ ⚂ ⚃ ⚄ ⚅

20

Analyse von Spielen

Fragen der sozialpsychologischen Forschung herangegangen werden. Welche Aspekte für eine Analyse wichtig sind, richtet sich nach unserem Forschungsinteresse.
Die *Analyse der Spielbedingungen* beschäftigt sich u.a. mit folgenden Fragen:
Welche äusseren Voraussetzungen müssen für ein Gelingen des Spiels gegeben sein (Bestimmtes Gelände, Raum mit Stühlen, ...)? Wieviel Spieler können sich an diesem Spiel beteiligen? Welche Voraussetzungen müssen sie mitbringen? Welches Material ist für dieses Spiel notwendig?
Bei der *Analyse der Spielform* geht es u.a. um folgende Fragen:
Welche Tätigkeitsformen verlangt das Spiel (raten, rennen, würfeln, ...)? Welches Spielprinzip (Kooperation oder Wettkampf; Zufall oder menschliche Leistung) ruft die Spielregel hervor? Welche Varianten verändern das Spiel in welcher Weise?
Bei der *Analyse der Spielwirkung* geht es z.B. um die Fragen:
Was macht den Spielern an diesem Spiel Spass? Welche Erfahrungen können die Spieler machen? Welche Fähigkeiten der Mitspieler werden beim Spiel geübt?
Eine empirisch korrekte Analyse muss ihr Fragenraster nach dem Forschungsinteresse und nach dem Gegenstand (welche Spiele?) entwerfen. Ein allgemeingültiges Analyse-Design kann deshalb hier nicht abgedruckt werden. Für die eher pragmatische Untersuchung von Spielen hat sich ein Spieltestbogen bewährt, der hier exemplarisch wiedergegeben wird. Er wurde entwickelt von Jürgen Kleindiek, München.
U.B.

Angeleitetes Rollenspiel

Kinder spielen ohne Anleitung Familienszenen nach, spielen Doktor und Krankenschwester, um ihren Körper zu untersuchen ... das sind spontane, nicht von Erwachsenen angeleitete Rollenspiele.

Das angeleitete Rollenspiel wird zumeist in den Institutionen der professionellen Erziehung (Kindergarten, Schule, Jugendverband, Volkshochschule) als pädagogische Methode eingesetzt. Näheres unter → Rollenspiel und → Rollenspiel mit Jugendlichen.

Angst beim Spielen

Monika steht in der Mitte, alle Kinder sitzen im Kreis drumherum. Sie soll pantomimisch ein Flugzeug nachahmen. Ihr fällt nicht sofort ein, wie sie das darstellen könnte. Monika überlegt, die anderen Kinder werden unruhig und drängeln sie, Monika wird rot im Gesicht, gleich fängt sie an zu weinen ...
Eine Gruppe Jugendlicher macht auf einem Wochenendseminar ein Kennenlernspiel, bei dem sie sich die Namen der Mitspieler merken sollen. Die letzten in der Runde müssen sich die meisten Namen merken und kommen langsam ins Schwitzen und Stottern.

Die Angst beim Spielen ist stets die Angst vor der negativen Bewertung durch die Mitspieler oder den Spielleiter. Diese Ängste können real begründet oder 'eingebildet' (befürchtet) sein. Sie können auch auf früheren traurigen Erfahrungen beruhen und zu manifesten Spielhemmungen führen.

Angst beim Spielen

In der konkreten Gruppensituation, in der Angst bei einem Mitspieler oder der ganzen Gruppe auftritt, kann der Spielpädagoge oft nicht die vielfältigen Gründe für die Ängste analysieren.

Er kann jedoch zwei Dinge tun:

Bereits bei der →Planung kann man sich überlegen, an welchen Stellen des Spiels Ängste auftreten können. Mit viel Phantasie und Einfühlungsvermögen lässt sich ein Spiel oft so verändern, dass Blamierängste vermieden werden.

Beispiel:
Die Gruppe ist nicht gewöhnt Rollenspiele zu machen. Dann ist es klug, keine Rollenspielform zu wählen, bei der eine Kleingruppe vor allen vorspielen muss, sondern z.b. das simultan von allen gespielte ABC-Rollenspiel vorzubereiten. Oder erstmal mit Puppenspiel oder Masken die Gruppe ans Vorspielen gewöhnen.

Während des Spiels kann der Spielpädagoge durch aufmunternde Bemerkungen, durch Ansprechen seiner eigenen Befürchtungen oder durch verharmlosende neue Spielregeln eingreifen (→Spielleiterverhalten).

Beispiel:
Bei einem Diskussionsspiel über Sexualität geht der Spielpädagoge die Fragen selbst sehr locker und offen an (Modellverhalten!) und schlägt bei Schwierigkeiten vor, dass man eine Spielaufgabe auch weitergeben kann, wenn man sie selbst nicht beantworten möchte.

Spiele sollen Gruppen aber auch fordern. Zahme Spiele werden schnell lahme Spiele! Angstfrei ist oft reizlos! Im Spiel will der Spieler auch das Risiko, das Abenteuer, das Kribbeln. Allerdings mit der Zuversicht, die Ängste überwinden zu können. Deshalb ist es wichtig und typisch für 'Spiel', dass man es freiwillig macht, und ein Aussteigen oder Abbrechen nicht diskriminiert wird. Und dass jeder Mitspieler den Grad seiner Risikobereit-

schaft selbst bestimmen kann. Darin liegt der Vorteil des Spiels gegenüber vielen Anforderungen in der Schule oder der Arbeitswelt.
Meine Beobachtung:
Spielpädagogen, die selbst etwas ängstlich sind, neigen dazu, die Gruppe zu unterfordern. Die können dieses Stichwort eigentlich überschlagen! Die mutigen souveränen Spielpädagogen jedoch erwarten manchmal von der Gruppe, dass 'die auch schon so weit sind'. Sind sie aber eben nicht immer. Und so sollten diese Spielpädagogen mit ihren Erwartungen an die Gruppe sehr sensibel und vorsichtig umgehen!
U.B.

Angst des Spielleiters

→ Spielleiterverhalten

Animation und Spiel

Eine anschauliche Übersetzung des Wortes Animation ins Deutsche lautet: lebendig machen.
Animation meint, dass eine Gruppe, in der gespielt/gelernt werden soll, einen Leben-Macher benötigt, der
— eine angenehme Atmosphäre herstellen hilft, die Hemmungen beseitigt (→Hemmungen, Angst);
— die Gruppe aufgeschlossen macht, für Dinge, die sie lebt (und erlebt);
— einer Gruppe den Schwung, das Vertrauen, die Sicherheit gibt, sich selbst und das jeweilige Vorhaben leben und durchleben zu können (→Spielleiterverhalten).

Es lassen sich zwei Gefahren einer Übersteigerung von Animation bestimmen:
— der Spielleiter wird zum Macher, der jeden anderen platt macht;
— das Spiel wird zur blossen Macherei, sprich: Hauptsache, dass irgendetwas, irgendwie geschieht.

Peter Berker

Literatur:
Kirchgässner, Hubert: Animation und Bildung, in: deutsche jugend 2/1976
Opaschowski, H.W.: Einführung in die freizeit-kulturelle Breitenarbeit. Bad Heilbrunn 1979

Animatives Spielleiterverhalten

Durch sein Verhalten kann der Spielleiter entscheidend dazu beitragen, ob ein Spielvorschlag akzeptiert wird oder nicht. *Anregendes (animatives) Spielleiterverhalten ist besonders bei Spielen notwendig, die neu für die Gruppe sind oder vor denen sie Ängste entwickelt (z.B. darstellendes Spiel oder Spiele mit hohen Kreativitätsanforderungen).*
Bereits bei der Eingabe des Spiels kann sich der Spielleiter animierend verhalten, wenn er ...

- ... Spielregeln klar und kurz erklärt,
- ... beim Spielen mitmacht und nicht beobachtend draussen bleibt,
- ... selbst anfängt bei einem Spiel, das einen ersten Freiwilligen erfordert,
- ... im Tonfall und Körperhaltung verdeutlicht, dass er selbst Lust zum Spielen hat,
- ... selbstsicher auftritt und vom vorgeschlagenen Spiel selbst überzeugt ist.

Aber auch während ein Spiel läuft, kann der Spielleiter anregend wirken, indem er 'Randfiguren' unterstützt, bei verschiedenen verbalen und nonverbalen Äusserungen das Spielverhalten der Gruppe positiv bewertet. Das alles gelingt ihm natürlich dann besonders gut, wenn er selbst am Spiel teilnimmt und aufpasst, dass er dabei nicht andere in der Gruppe 'an die Wand spielt'.
Kritische Anmerkung:
Ist diese Animation des Spielleiters nicht bereits eine moralisch negativ bewertete Manipulation? Erstens hilft auch die beste Animation nichts, wenn eine Gruppe am Spiel keine Lust gewinnt. Auch eine besonders raffinierte Animationstechnik macht aus einem falsch ausgewählten Spiel keinen 'Renner'. Und zweitens ist die Beeinflussung einer Gruppe solange keine Manipulation, wie sie der ehrlichen Überzeugung des Spielleiters entspricht.
U.B.

Anlage einer Spielkartei

→ Kartei, Spielkartei

Arbeitsgemeinschaften

Für die Spielpädagogik ist die Arbeit der oft ehrenamtlich betriebenen Arbeitsgemeinschaften, -ausschüsse und -gruppen fast wichtiger als die Aktivitäten fest etablierter Organisationen. Gemeinsam ist diesen, oft als eingetragener gemeinnütziger Verein organisierten Personengesellschaften, dass sie für den Bereich Spiel und Amateurtheater Beratung anbieten, Veröffentlichungen herausgeben und Fortbildungen oder Kongresse u.ä. veranstalten. Die bekanntesten Gruppen werden hier kurz vorgestellt:

Arbeitsausschuss Gutes Spielzeug
Der Arbeitsausschuss Gutes Spielzeug wurde vor über 25 Jahren gegründet und fördert durch Publikationen, Ausleihe von ➞ Spielzeug-Ausstellungen und vor allem durch die Bewertung von kommerziell hergestelltem Spielzeug (Vergabe des orangenen 'spiel gut'-Punktes) das Kinderspiel und Spielzeug.
Publikationen ➞Spielzeug.
Anschrift: Heimstrasse 13, D-7900 Ulm

Landesarbeitsgemeinschaft Spiel und Theater NW
Im Bundesland Nordrhein-Westfalen der BRD arbeitet seit Jahren die rührigste LAG für Spiel und Amateurtheater, gibt eine längst über die Form des Verbandsblättchens hinausgewachsene ➞Zeitschrift heraus, veranstaltet jährlich einen bedeutenden Spielpädagogik-Kongress und hat fast 20 'Spielleiterhilfen' herausgegeben. Mit Spielgruppentreffen und Theaterwerkstätten fördert sie das darstellende Spiel.
Anschrift: Klarastrasse 9, D-4350 Recklinghausen

Pädagogische Aktion München
Die Pädagogische Aktion e.V. veranstaltet seit Jahren Sommerspiele, Spielaktionen und Werkstätten für Kinder und Jugendliche im Raum München, ist aber durch ihre Veröffentlichungen und einmaligen Projekte von überregionaler Bedeutung und hat zahlreiche Anregungen für kulturpädagogische Diskussionen und Aktivitäten in der BRD gegeben.
Anschrift: Werneckstrasse 7, D-8000 München 40

Arbeitsgemeinschaften

Kips – Kölner Institut für Pädagogik und Spiel
Kips ist eine Arbeitsgruppe von Spiel- und Kulturpädagogen, die seit 1978 einen Vermittlungsdienst für Referenten aus verschiedenen Bereichen der Kulturpädagogik aufgebaut hat. Kips gibt mehrere spielpädagogische Arbeitshilfen und die →Zeitschrift 'spiel-päd' heraus. Kips stellt auch einige selbstentwickelte gruppenpädagogische Spiele her und verleiht →Spielzeug-Ausstellungen. Kips-Mitarbeiter haben dieses Wörterbuch geschrieben.
Anschrift: Wullwinkel 29, D-3008 Garbsen 1

Arbeitsgemeinschaft für Gruppenberatung
Die AGB ist eine Vereinigung von Spiel- und Kulturpädagogen in Österreich, sie veranstalten viele Seminare, Werkstätten und Spielleiter-Ausbildungen, geben Broschürenreihen und eine grosse Methodenkartei heraus. Für Österreich ist die AGB eine zentrale spielpädagogische Beratungsstelle.
Anschrift: Hofmannstrasse 14, A-4040 Linz

BAPS – Basler Arbeitsgruppe für Pädagogik und Spiel
BAPS ist eine im Aufbau befindliche Arbeitsgruppe von Spiel- und Kulturpädagogen aus der Schweiz. In ihren Tätigkeiten wird sie vergleichbar werden mit Kips (BRD) und AGB (Österreich).
Anschrift: Peter Grossniklaus, Adlerstrasse 7, CH-4052 Basel

Publikationen dieser Gruppen werden zum Teil unter dem Stichwort →Materialien zur Spielpädagogik und → Zeitschriften aufgeführt. Weitere Organisationen und Einrichtungen finden Sie unter den Stichwörtern: →Aus- und Fortbildung, → Spielpädagogik in der Schweiz, → Beratungsstellen für Spiel.
U.B.

Arbeit und Spiel

Die Mutter holt ihr Kind vom Spielplatz ab. Ihr Klaus sitzt im Buddelkasten, deutet auf die aus Sand geformten Autostrassen und stöhnt: „Ich hab eine Menge Arbeit damit gehabt!"
Hat das Kind nun gespielt oder gearbeitet?

Klaus verwechselt Arbeit mit Anstrengung. Denn Nerven und Kräfte (Anstrengung) kann Spiel schon kosten. Aber es gibt doch einige wesentliche Unterschiede zwischen Arbeit und Spiel.

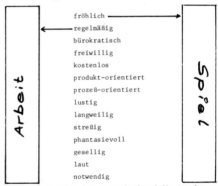

Machen Sie ein kleines Experiment:
Wir haben links den Begriff "Arbeit" und rechts an den Rand den Begriff "Spiel" geschrieben. In der Mitte stehen einige Wörter, die zugeordnet werden sollen, je nachdem, ob Sie das Wort eher mit "Arbeit" oder eher mit "Spiel" verbinden würden. Ziehen Sie dann in die eine oder andere Richtung eine Verbindungslinie, so wie wir es bei den ersten beiden Wörtern als Beispiel gemacht haben:

fröhlich
regelmäßig
bürokratisch
freiwillig
kostenlos
produkt-orientiert
prozeß-orientiert
lustig
langweilig
streßig
phantasievoll
gesellig
laut
notwendig

Haben Sie gemerkt, daß es manchmal auf die Art der Arbeit ankommt oder auf die bestimmte Spielform, um die Verbindungslinie richtig zu ziehen? Vielleicht sollte man bei den beiden letzten Begriffen sogar zwei Linien ziehen? Egal, dies war nur ein kleiner animativer Einstieg in eine etwas abstrakte Problematik.

Arbeit und Spiel

Die Arbeit des Menschen wird – nach K. Türk – in drei Bezügen verschieden stark bestimmt:
Sach-Bezug:
  das Herstellen von Produkten, die Durchführung von Dienstleistungen
Sozial-Bezug:
  die Beziehungen zwischen Kollegen, Kunden, Verkäufern, Klienten ...
Person-Bezug:
  die materielle Lebenssicherung, die Erhaltung des Selbstwertgefühls, das Gefühl der Selbstverwirklichung
In allen hochindustrialisierten Gesellschaften überwiegt unausgeglichen der Sach-Bezug der Arbeit. Das heisst: Die Arbeit ist überwiegend nur eine Zweckhandlung, die eine Identifikation und Selbstverwirklichung, Sinngebung und Befriedigung nicht ermöglicht (= Entfremdung!). Die Ursache dafür ist der Nichtbesitz an Produktionsmitteln und die verschiedenen Formen der Arbeitsteilung. Die Folge davon ist, dass persönliche Bedürfnisse zunehmend auf die Familie und den Freizeit- und Konsumbereich verschoben und verdrängt werden.
Das Spiel bietet Jugendlichen und Erwachsenen nun oft jene in der Arbeit fehlenden Sozial- und Person-Bezüge. Einige Beispiele:

- Beim Spiel an Spielautomaten (Flippern) oder beim Monopoly-Spiel erhalten wir viel öfter und viel schneller eine Bestätigung unserer Leistung als bei der Arbeit = *Steigerung des Selbstwertgefühls!*
- Spiel findet in der Freizeit und damit freiwillig statt, ohne den existentiellen Erfolgszwang = *freiwillige, scheinbar selbstbestimmte Handlung!*
- Beim Spiel sind Spannung und Abenteuer und Wagnis möglich, aber im Gegensatz zur Arbeit so, dass es für die Lebensrealität folgenlos bleibt = *abgesicherte Risikogefühle!*

- Im Spiel ist man sein eigener Herr, überblickt die Regeln und Prozesse, alle Einflüsse sind bekannt und kalkulierbar = *nicht entfremdete Handlungen!*
- In der Spielgruppe gibt es nicht die Teilung in planende-schöpferische und ausführende Menschen, auch nicht die Teilung in Hand- und Kopfarbeit, nicht die Unterscheidung von herrschenden Eigentümern und ohnmächtigen Besitzlosen. Zum Spiel gehört das Fair play, die gemeinsame Kreativität, die prinzipielle Gleichheit der Spieler = *gerechte und ausgeglichene Beziehung der Menschen!*

Mit diesen Unterschieden zur bürokratisierten, entfremdeten und arbeitsteiligen Arbeit wird das Spiel als viel befriedigender erlebt (→ Gesellschaft und Spiel). Leider funktioniert diese Befriedigung nur recht eingeschränkt:

1. Sie gilt nur für die Zeit des Spielens, am nächsten Morgen schon muss man sich wieder der oftmals frustrierenden Arbeit aussetzen.

2. Viele Spiele-Bestseller besitzen oft arbeitsähnliche Strukturen, die nur die aus der Arbeit gewohnten und gekonnten Handlungen verlangen (z.B. Reaktionsschnelligkeit, Geschicklichkeitswettkampf – statt Zusammenspiel oder Phantasie).

3. Die Befriedigung beim Spiel beruht gar oft auf Illusionen (Arbeiter spielt im Monopoly Hausbesitzer) und bleibt unproduktiv, weil die verursachende Arbeitswelt nicht verändernd angegangen wird (im Gegensatz z.B. zu Weiterbildung in der Freizeit, die zu grösserem beruflichen Verantwortungsspielraum und damit zu mehr direkter Befriedigung führen kann).

Trotz dieser Einschränkungen funktionieren Unterhaltungsspiele für Jugendliche und Erwachsene als Ausgleich und Ersatzbefriedigungen ganz gut ('Brot und Spiele').

Für Kinder im Vorschulalter gilt dies alles nicht, weil sie in keinem Arbeitsleben stehen. Sie brauchen mit dem Spiel keine Arbeitsprobleme auszugleichen, haben von daher eine völlig andere Motivation, Beziehung zum Spiel. Für sie ist Spiel das, was eine menschlich organisierte Arbeit für uns sein könnte: vom Spass an der Sache her motiviert, selbstbestimmt und freiwillig, sozial und individuell, schöpferisch und allseitig beanspruchend. Ist das eine realistische Utopie oder eine utopische Realität, dass sich der Gegensatz zwischen Spiel und Arbeit abbauen lässt — zugunsten der Eigenschaften des Spiels freilich!
Peter Berker/U.B.

Literatur:
K. Türk: Grundlagen einer Pathologie der Organisation. Stuttgart 1976

Ästhetische Erziehung und Spiel

Die ästhetische Aktivität des Menschen lässt sich in einen rezeptiven (aufnehmenden) und einen produktiven (herstellenden) Teil gliedern: Sinnliche Wahrnehmung, Genussfähigkeit, Phantasiebildung, kritische Wertung von gestalteter Wirklichkeit einerseits und Gestaltung, kulturelle Ausdrucksformen, Design im weitesten Sinne andererseits. Durch diese inhaltliche Breite kann ästhetisches Lernen sich nicht nur auf den Kunstunterricht in der Schule beschränken, auch nicht auf formal-künstlerische kulturelle Aspekte.
Ästhetisches Lernen ist Teil kultureller Bildung (→ Kinderkulturarbeit) in schulischen und ausserschulischen organisierten Lernprozessen. Das Spiel ist dabei eine ganz wichtige Lernform, weil im Spiel der experimentell-krea-

tive und sinnliche Charakter ästhetischen Lernens verwirklicht werden kann. Deshalb kommen in allen Projekten ästhetischer Erziehung immer auch Spielelemente vor: Theaterprojekte; Spielstadt; Museumsspiele ...
U.B.

Literatur:
Mayrhofer, H./Zacharias, W.: Ästhetische Erziehung, Reinbek, 1976
dies.: projektbuch ästhetisches lernen, Reinbek, 1977
Hartwig, H.: Jugendkultur. Ästhetische Praxis in der Pubertät, Reinbek 1980

'Ätsch'-Spiele

Flaschen steigen: Einem werden die Augen verbunden, er soll dann so eine Strecke gehen, auf der lauter Flaschen hingestellt wurden, ohne eine umzuwerfen. „Er gibt natürlich schrecklich acht und macht dabei schon eine lächerliche Figur, ... So haben wir was zum Lachen, besonders dann, wenn wir inzwischen still und leise die Flaschen weggenommen oder bei günstigen Umständen uns ganz aus seiner Nähe verduftet haben." G. Wolfbauer: Volks- und Bauernspiele. Bad Godesberg 1953

'Ätsch'-Spiele ist ein Sammelbegriff für alle Spiele, bei denen der Spass am Spiel für die Gruppe auf Schadenfreude beruht, bei denen einer oder mehrere 'hereingelegt' und 'blamiert' werden.
Diese Spiele werden oft als aggressive Streiche untereinander veranstaltet, besonders in Gruppen, die auf diese Art und Weise Rivalitäten und Rangordnungen austragen.

Ein Gruppenleiter sollte solchen Spielvorschlägen einen unmissverständlichen, aber klar begründeten Widerstand entgegenbringen: „Ich hab' was gegen Verarschungsspiele, u.a., weil ich nicht selbst mal der Dumme sein will!" Diese Spielformen können bei Kindern und Jugendlichen, die darauf nicht sehr selbstsicher reagieren können, grosse Spielängste (→ Angst beim Spielen) aufbauen. Wenn solche Spiele vorgeschlagen werden, kann das vom Gruppenleiter oder Lehrer als Analyse der Beziehungen in der Gruppe mit herangezogen werden: möglicherweise müssen dann in der Gruppe Diskriminierungs-, Aussenseiter- oder Dominanzprobleme geklärt werden. An diesem Beispiel wird deutlich, dass auch das genaue Beobachten des Spielgeschehens einer Gruppe zur Gruppendiagnose beitragen kann.
U.B.

Ausbildung zum Spielpädagogen

Eine Ausbildung zum Spielpädagogen gibt es genau genommen nicht, weil der 'Spielpädagoge' kein Beruf ist, sondern eine Spezialisierung durch Fortbildung von Sozialpädagogen, Animateuren, Lehrern, Jugendgruppenleitern oder Mitarbeitern in Gemeinwesenarbeit, Kulturarbeit oder Erwachsenenbildung.
Lehrerstudenten konnten in Berlin an der Pädagogischen Hochschule jahrelang das Wahlfach Schulspiel studieren, durch eine Umorganisation der Hochschule ist das jetzt nicht mehr möglich.
An der Sporthochschule Köln kann der komplexe Bereich Spiel-Musik-Tanz belegt werden.
Bei einigen wenigen Studiengängen zum Diplompädagogen kann der Schwerpunkt 'Kulturpädagogik' mit erheblichen Spielanteilen gewählt werden.

An nahezu allen Fachschulen, die Erzieher/innen ausbilden, gibt es innerhalb des Bereichs Methodik und Didaktik das Fach Spiel. Und an verschiedenen Fachhochschulen für Sozialwesen gibt es Lehrstühle oder Dozenturen für den Bereich Spielpädagogik.
Neben diesen spielpädagogischen Aspekten in Fach- oder Hochschulausbildungen wird Spielpädagogik vor allem in →Fortbildungen vermittelt. (→Didaktik der Spielerziehung)
U.B.

Ausdrucksspiele

Spiele, bei denen ein oder mehrere Spieler Gefühle oder Bedeutungen mit ihrem Körper darstellen, werden als Ausdrucksspiele bezeichnet. Hierzu werden alle Formen des →darstellenden Spiels, besonders die pantomimische Darstellung gerechnet. Und genauso wie etwa →Kim-Spiele die Wahrnehmungsfähigkeit trainieren, üben Ausdrucksspiele die Fähigkeit, sich mitzuteilen mit Bewegung, Haltung, Gesten und Mimik.
U.B.

Ausleihe von Spielen

Spiele und Spielzeug wird von einigen Bibliotheken, vor allem aber von speziellen →Spielotheken ausgeliehen.

Ausstattung mit Spielmaterial

Bei der Ausstattung mit Spielmaterial von pädagogischen Einrichtungen oder Freizeiteinrichtungen ist auf folgende Kriterien zu achten:
- Bedürfnisse der Benutzergruppe
- Pädagogische Ziele des Trägers der Einrichtung und der verantwortlichen Mitarbeiter
- Relation zwischen Kosten einerseits und Haltbarkeit, Benutzungshäufigkeit und 'Spielwert' andererseits.

Eine Beratung kann durch die spielpädagogisch engagierten →Arbeitsgemeinschaften erfolgen.
→Gutes Spielzeug und Spielmaterial
→Spielzeug
→Materialien zur Spielpädagogik
U.B.

Ausstellungen

Spielzeugausstellungen werden u.a. vom Arbeitsausschuss Gutes Spielzeug und vom Kips – Kölner Institut für Pädagogik und Spiel (→Arbeitsgemeinschaften) verliehen. Einige →Beratungsstellen und die Landessportbünde der BRD haben ebenfalls Zusammenstellungen von Spielmaterial.
Die alljährlich stattfindende Nürnberger Spielwarenmesse ist eine Ausstellung, die nur für Einkäufer aus dem Spielwarenhandel geöffnet ist.
In Spielzeugmuseen werden Spiele und Spielzeug (manchmal auch nur bestimmte Arten, z.B. Puppen) nach spielhistorischen Gesichtspunkten ausgestellt.
U.B.

Auswertung von Spielen

Die Schulklasse hat gerade das Blindenführspiel gemacht: war zu Paaren eingeteilt worden, einer hat die Augen zugemacht, und der andere hat ihn ohne zu sprechen durch den Klassenraum, den Flur entlang bis zum Schulhof raus geführt; dann wurden die Rollen getauscht und zurück ging es bis in die Klasse. Jedes Spielerpaar sollte sich nun ein zweites suchen und dann in der Vierergruppe die Erfahrungen aus dem Spiel besprechen. Später wurden dann noch einige Eindrücke und Erkenntnisse mit der ganzen Klasse zusammengetragen.

Im Spiel werden viele Erlebnisse vermittelt. Diese Erlebnisse werden erst durch eine sprachliche Reflexion, durch individuelles oder gemeinsames Nachdenken, ins Bewusstsein gehoben. *Nur wenn man sich das Erlebte bewusstmacht, können daraus Erfahrungen werden, die über die einmal erlebte Situation hinausweisen.*
Wird das Erlebnis mit der Sprache oder in anderen Medien nochmal ausgedrückt, so bekommt der Spieler auch eine Distanz zum Spiel, die eine kritische Bewertung möglich macht.
Diese (zumeist sprachliche) Reflexion wird Auswertung genannt. Werden Spiele nur zur Unterhaltung und Geselligkeit veranstaltet, so ist eine solche Auswertung nicht notwendig; sollen Spiele jedoch bestimmte beabsichtigte Erfahrungen vermitteln, dann ist eine Auswertung unumgänglich, z.B. vor allem dann, wenn Spiele Verhalten thematisieren, also beim Rollen-, Entscheidungs- und Selbsterfahrungsspiel.
Als Auswertungsform wird oft das Gespräch im Kreis gewählt, das jedoch nur für die Redegewandten eine günstige Form darstellt. Ein zwangloses Gespräch in kleinen informellen Gruppen bringt dagegen meist mehr echte

Eindrücke und ermöglicht mehr Spielern zum Sprechen zu kommen. Längere Auswertungen (z.B. einer grösseren Spielkette) können mit einem kleinen Einstiegsverfahren (Satzergänzungsmethode, Brainstorming o.ä.) begonnen werden.

Ein Tip für die Formulierung von Auswertungsfragen: Die Fragen möglichst präzise stellen und nicht nach allgemeinen Eindrücken fragen, sondern in der Frage zu Entscheidungen oder Bewertungen und Begründungen provozieren.

Nicht: „Haben Euch die Spiele Spass gemacht?"
Sondern: „Welches Spiel hat Euch am besten gefallen, woran lag das?"
Nicht: „Wie hast Du Dich dabei gefühlt?"
Sondern: „Hattest Du in einer bestimmten Situation ein bisschen Angst?"
U.B.

Literatur:
U. Baer: Auswertungsmethoden für Spiele mit Gruppen, in: Arbeitsblätter zur Spielpädagogik. Garbsen 1981 (Bezug: →Materialien)

Basteln und Bauen von Spielen und Spielzeug

Die eigene →Herstellung von Spielmaterial bewirkt eine wesentlich grössere Identifikation der Spieler mit den Spielen. Vor allem in Jugendzentren und festen Jugendgruppen sollten deshalb Spielgeräte auch selbst gebaut werden.

Bauspielplätze

Pädagogisch betreute Spielplätze, auf denen die Kinder Hütten, Spielgeräte, Brücken o.ä. bauen können. Oft auch als Bezeichnung für einen →Abenteuerspielplatz verwendet.

Bedingungen des Spiels

Weil Spiel eine komplexe menschliche Tätigkeit ist, wird es von Umweltbedingungen und der persönlichen Situation des Spielers beeinflusst. Je nach Beschaffenheit dieser Bedingungen wird das Spiel eher behindert oder eher gefördert, kommen bestimmte Spiele zustande und andere werden gar nicht erst begonnen. Besonders problematisch ist die Trennung der Kinder von ihrer natürlichen

Spielumwelt (Natur!) und dem Lebens- und Arbeitsbereich der Erwachsenen. Zu einigen Spielbedingungen im einzelnen:

Zeit –

In gewissen Altersstufen stellt Spiel den Hauptinhalt des Lebens dar, aber auch nach dieser Phase sollte Zeit zum Spielen bedenkenlos 'verschwendet' werden. Dabei geht es um Zeit, die frei ist von Pflichten und Aufgaben, in der sich der Spielende ganz seinen eigenen Bedürfnissen hingeben darf.

Platz –

Mögliche Spielräume sollten nicht durch Ordnung und Sauberkeit beschnitten werden, das Spiel einengen oder unterbinden. Zimmer, Wohnung, Keller, Garten, Hof, Spielplatz, Rasenflächen, öffentliche Plätze, Wald usw. Alle Spielräume ermöglichen eine andere Auseinandersetzung mit der Umwelt und halten vielfältige Erfahrungen bereit. Daher sollten Spielräume verschiedenster Art zur Verfügung stehen und gewählt werden können.

Ruhe und Ungestörtsein –

Häufige Störungen des Spiels und angstauslösende Ereignisse verhindern ein 'Fallenlassen' und Erholen, lassen Prozesse nicht zum Abschluss kommen. Vertrautheit mit der Spielumgebung (Reizredundanz) ist eine wichtige Spielvoraussetzung. Spielerfahrungen dürfen nicht durch Sanktionen, Tabuisierung oder Verbote verhindert oder eingeschränkt werden.

Entscheidungsfreiheit –

Der Spielende muss die Freiheit haben, sich selbst zu entscheiden, was oder wie er spielt, ob er allein oder mit anderen, mit oder ohne Anleitung spielen möchte. Spiel ist niemals 'sinnlos' oder 'unsinnig'. 'Sinnvolle' Spiele sind in der Regel ungeeignet, Phantasie und Kreativität zu entwickeln oder Entspannung zu bieten, sondern sorgen für Disziplinierung und Reglementierung.

Spielkameraden –
Im Spiel sollten Kommunikation und soziale Interaktion möglich sein, sowie der Aufbau von sozialen Beziehungen. Reale Situationen sollen verarbeitet werden können, es soll Möglichkeiten der Anpassung und Distanzierung geben. Spiel soll mithelfen eine eigene Identität zu entfalten! Dazu bedarf es Spielkameraden verschiedenen Alters, die frei gewählt werden können, denn jeder Spielpartner ermöglicht neue Erfahrungen, lässt andere spielerische Auseinandersetzungen zu. Nachbarschaftskinder, Kindergarten- oder Schulkinder, Gleichaltrige, Jüngere wie Ältere sind ebenso wichtige Spielgefährten wie Eltern und Grosseltern.

Spielzeuge –
Spiele mit Spielzeug haben den gleichen Stellenwert wie Spiele ohne Spielzeug, der Spielende trifft die Entscheidung. Aber Spielzeuge und Spielgeräte auf Plätzen ermöglichen oder behindern bestimmte Spielformen. Deshalb: Das Spielzeug muss Neugier zulassen, variabel verwendbar sein, sollte auch 'zweckentfremdet' werden können und Phantasie und Kreativität ermöglichen und wecken, nicht aber einengen, unter- oder überfordern, disziplinieren und kontrollieren.

Soviel zu einigen allgemeinen Bedingungen für das Spiel von Kindern.

Beim pädagogisch angeleiteten Spiel muss der Spielleiter folgende Bedingungen berücksichtigen:

- *sozio-ökonomische Lage der Gruppe:*
  Arbeiter- oder Mittelschichtkinder?
  Ausländerkinder bzw. -jugendliche? (Mit welchem sozial-kulturellen Hintergrund? Welche Sprachkenntnisse?)

- *anthropogene Bedingungen:*
  Welche Altersgruppen? Welche Interessen? Konflikte?
  Geschlechtszusammensetzung? Beziehungsstruktur?
  Welche Erfahrungen liegen mit Spielen vor
- *situative Voraussetzungen:*
  Welche räumlichen Bedingungen?
  Zeit?
  Ausstattung und Materialien und Geräte?
  Was hat die Gruppe vorher erlebt?
- *Bedingungen des Spielleiters:*
  Welche Beziehung hat er zur Gruppe?
  Welche Qualifikationen bringt er mit?
  Welches Interesse hat er, mit der Gruppe zu spielen?

Erst nach einer sorgfältigen Beantwortung dieser exemplarisch aufgelisteten Fragen kann eine spielpädagogische Planung Ziele setzen, Inhalte und Spielmethoden auswählen und eine Reihenfolge der Spiele bestimmen.
Bärbel Sabbas/U.B.

Behindertenspiele

Es gibt keine speziellen Behindertenspiele, die nur von geistig oder körperlich gehandikapten Menschen gespielt werden können. Behinderte bringen nur bestimmte Voraussetzungen für ein Spiel mit, sind eingeschränkter als andere, und das muss bei der Spielauswahl berücksichtigt werden. Ein Spielleiter muss aber sowieso immer bei seiner Spielauswahl die Voraussetzungen der Spieler und die äusseren Spielbedingungen berücksichtigen, ganz gleich, ob es sich um Behinderte oder um relativ weniger behinderte Mitspieler handelt.
(→Planung von Spieleinheiten)
U.B.

Beratungsstellen

Von Jugendgruppenleitern und Lehrern, von Sozialarbeitern und Heimerziehern werden nicht ständig spielpädagogische Aktivitäten organisiert, sie machen auch andere kulturelle Arbeit, führen Projekte durch, organisieren Fahrten usw. usw. Dadurch können sie im spielpädagogischen Bereich sich nicht ständig 'auf dem Laufenden' halten. Vor allem durch die Kirchen hat sich deshalb ein spielpädagogisches Beratungssystem in der BRD etabliert, das bei der Auswahl von Spieltexten für das Theaterspielen hilft, das bei der Anschaffung von Spielmaterial Empfehlungen geben kann, das Tagungen und Fortbildungsseminare veranstaltet.
Neben den Beratungsstellen bei den Landeskirchen in der BRD sind es vor allem die →Arbeitsgemeinschaften der kulturellen Jugendbildung (vorwiegend im Bundesland Nordrhein-Westfalen), die spielpädagogische Beratung betreiben.
Hier noch weitere Adressen:
- Arbeitsgemeinschaft Spiel in der ev. Jugend
  Porschestrasse 3, D-7000 Stuttgart 40
- Beratungsstelle für Gestaltung
  Eschersheimer Landstrasse 565, D-6000 Frankfurt/M. 50
- Beratungsstelle für Spiel und Freizeit (kath.)
  Zeughausstrasse 13, D-5000 Köln 1
- Bundesvereinigung und Landesvereinigung Kulturelle Jugendbildung (mit vielen Mitgliedsorganisationen)
  Küppelstein 34, D-5630 Remscheid
- Medienzentrale im Amt für Gemeindedienst
  Archivstrasse 3, D-3000 Hannover 1
- Spiel- und Lernzentrum Braunschweig
  Bruchtorwall 1-3, D-3300 Braunschweig
- Werkstatt für Medienarbeit und Freizeitpädagogik
  Gaststrasse 24, D-2900 Oldenburg

Weitere Anschriften können Ihnen diese Beratungsstellen vermitteln.
Schweizer Anschriften: → Spielpädagogik in der Schweiz.
U.B.

Bewegungsspiele

In der Strassenbahn soll man stillstehen. In der Schule darf man nicht mal mit dem Stuhl 'kippeln'. Auf dem Schulhof ist Herumrennen verboten. Im Auto kann man nur stillsitzen. Im Restaurant ist Rennen unfein. Auf der Rolltreppe soll man rechts stehen. An der Kasse vom Supermarkt muss man anstehen.
Bewegen ist gestattet: Auf dem Spielplatz, im Sportverein, auf dem Bürgersteig, im Wald, beim Militär, in der Diskothek, auf dem Rummelplatz ...

Bewegungsspiele sind für Kinder, Jugendliche und auch Erwachsene eine geregelte Möglichkeit, zusammen mit anderen Bewegungsdefizite auszugleichen, zu kompensieren, und damit dem natürlichen Bedürfnis nach körperlicher Motorik nachzukommen.
Die verschiedenen Bewegungsspiele können nach dem Grad ihrer Geregeltheit und nach den dabei verwendeten 'Materialien' eingeteilt werden:
Vom stark einer Spielregel unterworfenen Sportspiel, über Kreis- und Gruppenspiele (z.B. Fangenspiele) bis hin zur freier Bewegungsimprovisation. Und von Ballspielen über Schnurspiele ('Gummitwist') bis zu Tanzspielen (mit dem 'Material' Musik).
In nicht vorbereiteten Spielsituationen wird der Spielpädagoge Bewegungsspiele vorschlagen, bei denen er nicht

besonderes Material heranschaffen muss. Vorzuziehen sind Bewegungsspiele, bei denen alle gleichermassen die Möglichkeit haben, die Bewegungsaufgabe geschickt zu erfüllen und Wenigergeschickte nicht durch Ausscheiden blossgestellt werden. Es ist ein Irrtum zu glauben, dass ältere Kinder und Jugendliche nur an Bewegungsspielen Spass hätten, die einen starken Wettbewerbscharakter besitzen. Auch im Sportunterricht an den Schulen und in der Jugendarbeit der Sportvereine setzen sich immer mehr Spiele durch, bei denen die Bewegung allein, der Körperkontakt und das Zusammenspiel mit anderen grossen Spass bereiten.

Bewegungsspiele können sogar Kooperationsspiele sein:
Drei Leute mit drei Füssen:
Eine bestimmte Strecke (evtl. mit Hindernissen wie Tisch, Stühle, Treppe) soll von Dreiergruppen absolviert werden unter der Bedingung, dass die Gruppe zusammen niemals mehr als drei Füsse auf der Erde hat. Bei mehreren Gruppen: Jede startende Gruppe soll sich eine neue Möglichkeit einfallen lassen. Bei diesem Spiel, zu dem man sich viele Varianten vorstellen kann, müssen die Bewegungen sehr überlegt miteinander kombiniert werden. Wichtig wird dabei die Hilfe untereinander und nicht die Zeit, die für die Strecke gebraucht wird. Originalität wird wichtiger als der übliche Zeit-Wettkampf.

Für motorisch sehr aktive, oft aggressiv gestimmte Kinder sind →Action-Spiele geeignet, bei denen sie sich richtig austoben können. Womit die Ursachen für das aggressive Verhalten allerdings nicht beseitigt werden.
U.B.

Literatur:
Scheel/Palm-Scheel: Kinder brauchen Bewegung. Frankfurt/M. 1981
Brinckmann/Tress: Bewegungsspiele. Reinbek 1980

Bewertung von Spielen und Spielzeug

→Analyse; →Spielzeug.

Blamierspiele

→'Ätsch'-Spiele.

Brettspiele

„Ich lehne Brettspiele rundweg ab. Sie haben grundsätzlich den gleichen Charakter, nämlich eine Konkurrenzsituation so erfolgreich wie möglich für sich zu gestalten. Ellbogen und Tricksen sind grossgeschrieben, Solidarität findet nicht statt. Im Gegenteil werden Aggressionen geschürt, das 'Nicht-verlieren-Können' treibt absurde Blüten."

„Ich bejahe Brettspiele, nehmen wir Kriegsspiele aus, und solche, die nur Konsum und kapitalistisches Verhalten fördern. Brettspiele schulen auf spielerische Art strategisches Denken, stellen die Spieler vor freiwillige Aufgaben, bringen Erfolgserlebnisse. Dazu kommen Spass und Aktivität."

Brettspiele verbinden der Realität nachgeformte Elemente mit solchen, die nicht dem eigenen Willen unterliegen. Die Spieler unterwerfen sich freiwillig festgelegten Regeln und setzen sich Situationen aus, bei denen Erfolg oder Misserfolg nicht voraussehbar sind. Wegen der Spielatmosphäre jedoch können Misserfolge verarbeitet werden.

Auch klassische Spiele (Schach, Mensch ärgere ...) und Kartenspiele beinhalten Kampfsituationen. Augenscheinlich aber haben die Spieler Freude daran.

Brettspiele gehören vor allem in die Kategorie der →Familienspiele. Doch auch in Gruppen und Freizeiten gehören sie zu den 'Langweile-Tötern'. Dabei ist zu beobachten, dass die Dauerrenner oft nur deshalb die Favoriten sind, weil die Aneignung eines neuen Spiels einen oft komplizierten Lernprozess beinhaltet. Hier nun sollte der Pädagoge eingreifen und neue Spiele so präsentieren, dass eine Animation erfolgt. Motivierendes Erklären ist allemal 'anmachender' als das langwierige Studium von Regeln. Aus solchen Einführungen ergibt sich die Chance, von Spielen wie 'Börsenspiel', 'Spiel des Lebens' und ähnlichem wegzuführen in die Richtung von Brettspielen, bei denen Konkurrenz abgemildert, in sinnvolle Bahnen gelenkt oder zugunsten solidarischen Handelns aufgehoben wird. Dies wäre z.B. bei Umweltspielen der Fall.

Um dies leisten zu können, bedarf es für den Spielleiter der Übersicht über neue (und auch weniger bekannte alte) Spiele. Diese lässt sich aber nur schwer aus der Literatur gewinnen. Ein Versuch ist gemacht worden mit dem Krone-Buch (Verlag Hoffmann und Campe), in dem 150 Brettspiele vorgestellt, erklärt und beurteilt werden.

Eine Weiterbildung können fachkundige Referenten (z.B. von Spiel- → Arbeitsgemeinschaften) durch die Veranstaltung von einführenden Spieleabenden mit Pädagogen und ehrenamtlichen Mitarbeitern leisten.

Hajo Bücken

Clownspiele

Sich als Clown schminken und verkleiden, dann im Kinderzirkus oder auf der Theaterbühne kurze Szenen und Sketche vorspielen, das hat eine vielfältig befreiende Wir-

Clownspiele

kung: In der Rolle des Clowns darf man Tabus durchbrechen, als Clown kann man alles kritisieren, der Clown darf alle seine phantastischen Einfälle in witzige Darstellungen umsetzen. Das Clownspiel lebt vom Überraschungsmoment, vom widersprüchlichen Spiel mit den Zuschauererwartungen: es kommt immer anders, als man denkt.
(→Szenisches Spiel, →Klamaukspiele)
U.B.

Darstellendes Spiel

Zum darstellenden Spiel gehören alle Spielformen, bei denen die Spieler mit ihrem Körper und/oder ihrer Sprache Handlungen oder Gefühle oder symbolische Bedeutungen ausdrücken und Zuschauern oder anderen Mitspielern mitteilen. Also →Theaterspielen zählt ebenso dazu wie ein →Rollenspiel, die Pantomime genauso wie kleine Stegreifszenen. Auch →Maskenspiel wird dazugerechnet, weil hier die Maske stellvertretend für den Körper des Spielers benutzt wird. Da die einzelnen Spielformen ihre eigene Problematik besitzen, steht Näheres unter dem jeweiligen Stichwort. Zur Einführung von darstellendem Spiel: →Szenisches Spiel, →Klamauk-Spiele, → Pantomimisches Spiel.
U.B.

Didaktik der Spielerziehung

Zwei Unterrichtsstunden 'Spiel' haben Schülerinnen der Fachschule für Sozialpädagogik in der Woche. Spielstunden, die neben 'Didaktik und Methodik der sozialpädagogischen Praxis', 'Musik — und Körpererziehung' und 'Kinderliteratur' unterrichtet werden. Zu einer Isolierung der einzelnen Fachdidaktiken kommt es insbesondere dann, wenn jedes Fach durch eine andere Lehrkraft vermittelt wird. Dabei sollte der Schwerpunkt spielpädagogischer Methoden in der Mischung aller Kommunikationsmöglichkeiten des Menschen liegen: Gestik, Mimik, Bewegung, Laute, Sprache, Materialien. „Spielpädagogische Methoden", so Eva Brandes, „sollen den Studierenden befähigen, in der späteren Praxis sensibel, kreativ und kommunikativ selbst zu handeln und ihre Klientel zu be-

fähigen, durch spielerische Stabilisierungsprozesse die Realität besser bewältigen zu können."
In den Ausbildungsrichtlinien für den Unterricht an den Fachschulen für Sozialpädagogik in NRW vom 1.9.1970 heisst es:
„Die Schülerinnen sollen befähigt werden, dem Spielen der Kinder den gemässen Platz und die richtige Form in ihrem beruflichen Tun zu geben. Sie sollen dazu angeregt werden, ihre darstellerischen Fähigkeiten schöpferisch zu entwickeln, damit sie den Kindern zu einem angemessenen Ausdruck im Spiel verhelfen können ..." Unberücksichtigt bleibt hier die Notwendigkeit, dass die Schülerinnen zunächst einmal *ihre* Einstellung gegenüber dem Spiel kritisch überprüfen müssen, indem sie ihre eigene Spielfähigkeit erst einmal wieder erwecken, und indem sie ihre gegenwärtigen Spieltätigkeiten und ihr angeeignetes Spielleiterverhalten reflektieren. Das bedeutet, dass die Unterrichtsgegenstände sich nicht nur auf die „anthropologische und philosophische Grundlagen des Spiels, die verschiedenen Spielalter, Entstehung und Sinn der Feste und Feiern des Jahreskreislaufs, Lockerungs- und Ausdrucksübungen, Sprechübungen und Bewegungsschulung, Aufgaben der Spielleitung im geselligen und darstellenden Spiel" (Ausbildungsrichtlinien) beziehen dürfen, sondern dass sie erweitert werden müssen um:

- durch eigenes spielerisches Tun pädagogisch angeleitete Prozesse erfahren und reflektieren;
- Projekte planen, durchführen, auswerten; an gesellschaftlichen Realitäten anknüpfen;
- Möglichkeiten der Darstellungen eigenen und/oder gesellschaftlichen Lebens in der Öffentlichkeit ausprobieren (Planspiele, Strassentheater ...).

Erzieher werden in ihrer Spiel-Ausbildung u.a. mit folgenden Fakten konfrontiert:

Didaktik der Spielerziehung

- Die Motivation zum Spielen und zu neuen Spielformen hängt von der Einstellung des Erziehers zum Spielen und von seiner eigenen aktiven Beteiligung an bestimmten Spielen der Kinder ab.
- Spielen ist nicht nur ein Ausdruck bedürfnisloser Zufriedenheit, sondern eine Ausdrucksform, unbewusst oder gezielt Probleme zu verarbeiten.
- Zum Spielen sind Räume, Mittel, Zeit und eine das Spiel fördernde und am Spiel aktiv teilnehmende Umwelt nötig ...

Diese Tatsachen/Ausbildungsziele fordern ein Spiel- und Lernumfeld für den Erzieher, indem er genau jene Erfahrungen machen kann, die ihm in seinem pädagogischen Feld abverlangt werden. Das bedeutet, dass

– die Spiellehrer in der Lage sein müssen „spielpädagogisch in der Praxis zu arbeiten, spielpädagogische Methoden zu vermitteln, diese didaktisch zu reflektieren, Projekte anzuleiten und zu analysieren" (Brandes).

– die Schule als 'teilnehmende Umwelt' Raum gewähren muss, eigene Spielfähigkeit zu entwickeln und Spielprojekte im erlebten Schulalltag umzusetzen.

– die Entwicklungen in der Kindergarten- und Spielpädagogik gesehen und innerhalb der Ausbildungsrichtlinien berücksichtigt werden (statt dessen besteht im Bundesland NW der BRD die Gefahr, dass 'Spiel' als Unterrichtsfach im Fächerkanon gestrichen wird).

– Leistungsnachweise überlegt werden, die zwar spielpädagogisches Wissen überprüfen, aber nicht Spiel-Verhalten beeinflussen: „Wie sensibel, kreativ und kommunikativ muss ich für ein 'sehr gut' sein?"

Edeltrud Freitag-Becker

Literatur:
Brandes, E.: Entwurf eines Curriculums für 'Spielpädagogik'. Landesarbeitsgemeinschaft für Spiel und Theater, Recklinghausen
(Bezug: →Arbeitsgemeinschaften)

Didaktisches Handeln

Wir wollen das Spielen im Kindergarten, in der Jugendgruppe oder in der Schule nun wirklich nicht mit der ganzen erziehungswissenschaftlichen Theoriebildung belasten ... Aber 'eben mal schnell ein Spiel spielen' – das ist noch keine Spielpädagogik. Denn dazu sind verschiedene didaktische Entscheidungen zu fällen.

Hier wird vorgeschlagen, die Entscheidungen, wann, was, warum und wie mit Spiel gelernt werden soll, an der lerntheoretischen Didaktik von Heimann und Schulz zu orientieren, weil uns diese Didaktik die rationalste Richtschnur für unser spielpädagogisches Handeln bereithält. Und kritische Rationalität tut einer Spielpädagogik nur gut, deren Wurzeln noch deutlich in der musischen Bildung stecken.
Spielstunden müssen geplant werden, auch wenn ihr tatsächlicher Ablauf oft von der Planung abweichen wird (kann und darf), weil ohne Planung die Ergebnisse (Erfahrungen der Spieler) rein zufällig und die Stunden ohne Zusammenhang mit vorangegangenen und nachfolgenden pädagogischen Ereignissen blieben.
Vor der Entscheidung über Inhalte, Spiele usw. muss sich der Spielpädagoge über die Bedingungen klar werden, unter denen die Spiele ablaufen werden (→Bedingungen des Spiels). Diese Bedingungen nennen die Voraussetzung, unter denen ich dann Entscheidungen über Ziele, Inhalte, Methoden (Spiele) und Medien (Materialien) zu treffen habe (→Planung von Spieleinheiten).
Diese Planung darf keineswegs spontane Einfälle, kreative Spielvarianten und stimmungsabhängige Veränderungen behindern. Da bekanntlich ein Spiel nicht wegen irgendwelcher Ziele, sondern wegen des Spasses am Prozess, am Ablauf gemacht wird, sich ein Ziel also quasi

'nebenbei' ergibt, kann die stringente Verfolgung des geplanten Ziels nicht Aufgabe des Spielpädagogen sein. Das Spiel entwickelt ja oft eine nicht vorsehbare Eigendynamik, die dann nicht umgelenkt oder unterdrückt werden darf, nur weil einmal etwas ganz anderes geplant worden ist. Die Qualifikation eines Spielpädagogen liegt einerseits in einer präzisen Planung und aber andererseits im souverän-flexiblen Umgang mit ihr.
U.B.

Literatur:
Heimann/Otto/Schulz: Unterricht — Analyse und Planung. Hannover 1965

Didaktisches Spielmaterial

Didaktische Spiele = Leistungsspiele = Lernspiele geben eine strukturierte Lernsituation vor. Begriffsverwirrungen kommen sowohl von 'didaktisch' wie von 'Spiel', weil beide wenig differenziert, aber weit verbreitet sind. Während mit 'Spiel' Formen des indirekten Lernens verbunden werden, ist 'didaktisches Spiel' mehr direktes, schul-ähnliches Lernen.
Didaktisches Spielmaterial wird im Vorschulalter eingesetzt, um die geistige Entwicklung eines Kindes zu schulen, mit dem Ziel, dieses zur geistigen Schulreife zu führen. Die Tätigkeit eines Kindes bei diesen Spielen ist direkt oder indirekt auf den Erwerb bestimmter Fähigkeiten, Fertigkeiten oder Kenntnisse gezielt, die das spätere Erfassen unserer Kulturtechniken ermöglichen:
— Formen und Gestalten erkennen, sinnvoll aufgliedern und wiedergeben;
— Farben und Formen kennen und kombinieren;

Didaktisches Spielmaterial

— Aneignung von Kenntnissen der Umwelt — und Sachbegegnung;
— Entwicklung der Sprache und der Denkschulung/Erweiterung des aktiven Wortschatzes/Verbesserung der Ausdrucksmöglichkeiten;
Marga Arndt unterscheidet vier Verwendungsbereiche didaktischen Spielmaterials:
1. Didaktische Spiele geben den Kindern die Möglichkeit ihre Kenntnisse anzuwenden.
2. Das didaktische Spiel wird zur Analyse der Erfahrungen und Kenntnisse der Kinder verwendet (feststellbares Wissen, Können).
3. Didaktische Spiele können dazu beitragen, bestimmte Fähigkeiten und Fertigkeiten zielstrebiger herauszubilden (z.B. Beobachtungsgabe).
4. Didaktische Spiele ermöglichen das Üben sozialer Verhaltensweisen.
Sowohl die Tatsache, dass dem didaktischen Spielmaterial ein besonderer Stellen — und pädagogischer Wert zugestanden wird, als auch der Tatbestand, dass didaktische Spiele überwiegend Regelcharakter besitzen, machen einige methodische Überlegungen notwendig:
1. Spielregeln sind das organisierende Element dieser Spiele. Eingebaute Steigerungen und Schwierigkeitsgrade gewährleisten fortschreitende Leistung.
Umso wichtiger ist es, dass die Spielaufgabe, und damit das Lernen, für das Kind interessant und attraktiv ist und bleibt. Das Gelingen ist abhängig vom Material/Spielangebot und vom Erzieherverhalten. Geforderte Erzieherfähigkeiten sind hier: Kreativität und Begeisterungsfähigkeit.
2. Den Spielen sollte man oftmals neuen Aufforderungscharakter geben, neue Impulse, Veränderungen, Erweiterungen.

Didaktisches Spielmaterial

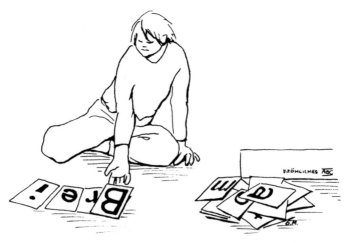

Heute dürfen wir wieder spielen, was wir sollen..

3. Leitender Gedanke während des didaktischen Spiels sollte das Interesse und Bedürfnis des Kindes sein, nicht das von Erziehern verfolgte Ziel (schädlich ist hier das 'Verpädagogisieren' jeglicher Situation).
Es reicht nicht aus, einerseits vom spielerischen Lernen zu reden und andererseits das Kind mit motivationalen Tricks zu den Erzieher – Leitungs – Zielen zu manipulieren. Der Sinn kindlicher Aktivität liegt nicht in der Lösung der Aufgabe, sondern in der Handlung selbst, die Spannung und Freude zu vermitteln hat und von daher bereits sinnvoll ist.
Dies bedeutet jedoch auch, dass der Erzieher ausreichend flexibel reagieren muss:
– bei der Vorbereitung bereits an Spielvarianten denken;
– die Dauer des Spiels nach der Konzentrationsfähigkeit der Kinder richten;
– günstige Gelegenheiten nutzen, nicht künstlich welche schaffen.

4. Jedoch müssen auch die Grenzen der didaktischen Spiele gesehen werden:
— sie können leicht den Charakter von Funktionstraining bekommen;
— sie können leicht die schöpferischen Initiativen der Kinder unterdrücken;
— sie können leicht den Blick für reale Lernsituation verschlechtern: farbige Dreieckstafeln werden im Spielkasten erkannt, jedoch in der Natur nicht wiederentdeckt.
E. Freitag-Becker

Literatur:
Arndt, Marga: Didaktische Spiele. Stuttgart, 1971
Calliess, E.u.a.: Spiel- und Lernladen für Vorschulkinder. Stuttgart, 1977

Diskothek-Spiele

„Kommst Du mit zum Discotreff," fragt Reiner. Seine Freundin Beate schüttelt energisch den Kopf und meint: „Nee, da kriegst Du mich nicht mehr hin. Das ist ja stinklangweilig da." „Ach, nun hab Dich nicht so," entgegnet Reiner, „der Laden ist doch in Ordnung." „Na, mir hat es gelangt. Jedesmal das gleiche, laute Musik, nur die Mädchen tanzen, und sonst passiert nichts."

Die Durchführung von Discothek-Veranstaltungen in der Jugendarbeit bietet deshalb häufig nur geringe Anreize, weil zu wenig Phantasie eingesetzt und Vorbereitungszeit aufgewendet wird.
Da die Arbeit in der Discothek in der Regel über einen längeren Zeitraum geht und weil nach Möglichkeit ein Disco-Team für die Durchführung verantwortlich ist

Diskothek-Spiele

bzw. sein sollte (vgl. E. Bücken, Discothek-Mediathek, S. 137 ff), besteht die Chance, durch intensivere Vorarbeit das Angebot durch eine Fülle von Möglichkeiten zu erweitern und dadurch zu qualifizieren. Wesentlich ist dabei vor allem, dass sich Disco-Team und Besucher darüber einigen, Discothek-Veranstaltungen nicht als reine Musik-Konsum-Angebote zu verstehen und zu betreiben. Anregungen gibt es inzwischen mannigfaltig: oft erweist es sich aber darüber hinaus als besonders gut, wenn eigene Ideen einbezogen werden.

Neben der Durchführung von Hitparaden, Talk-Shows und Tanzspielen eignen sich besonders Gruppenspiele, die allerdings von einem Mitarbeiterkreis gut vorbereitet und von einem schon etwas geübten →Spielleiter eingegeben werden sollten.

Gute Erfahrungen wurden beispielsweise mit folgenden Spieleinlagen in der Disco gemacht:

- *Schaufensterdekoration*
  Durch Teilung der Gruppe wird die Hälfte zu Schaufensterpuppen bzw. zu Dekorateuren. Die Dekorateure sollen mit den passiven und stummen Puppen ein Schaufenster gestalten, anschliessend Rollenwechsel.
- *Gruppe blind nach Grösse sortieren*
  Man bildet Gruppen zu etwa acht Personen, einer wird hinausgeschickt. Alle stellen sich in einer Reihe auf, der eine soll mit geschlossenen Augen nach Grösse sortieren.
- *Stuhltanz*
  Immer zwei stellen sich auf einen Stuhl und tanzen nach wechselnden (Geschwindigkeit) Musikstücken; evtl. kann das erschwert werden, indem man einen Luftballon dazugibt.
- *Geometrie*
  Alle fassen sich an und machen die Augen zu. Es sollen geometrische Figuren gebildet werden, Kreis, Stern,

Diskothek-Spiele

Quadrat. Es können auch Zahlen von 1 - 6 genannt werden. Aufgabe ist dann, dass sich Gruppen zu dieser Ziffer zusammenfinden und so Aufstellung nehmen, wie die entsprechende Zahl auf einem Würfel abgebildet ist.

Zu bedenken bei solchen Einlagen ist, dass sie frühzeitig angekündigt und in einer Musik-Pause durchgeführt werden. Grössere Aktionen wie Musikladen, Liederwerkstatt, o.ä. sind besser in einem Nebenraum anzusiedeln. Wesentliches Moment bei solchen Vorhaben ist die eigene Phantasie der Jugendlichen und der Mitarbeiter.

Viel Spass kann so etwas machen wie die Beerdigung einer Schallplatte, wenn mit grossem Ritual ein bisheriger Spitzen-Hit zu Grabe getragen wird. Andere Möglichkeiten sind die alte Hausordnung oder der alte Name der Disco. Oder wie wäre mal ein Flohmarkt mit alten Platten?

Die Erfahrung zeigt, dass oft, sowohl durch Überforderung, als auch Unterforderung, Ansätze zu einer Veränderung in der Discothek scheitern können. Mit entsprechendem Fingerspitzengefühl und dem Erfassen der Situation kann es aber gelingen, mit kleinen Schritten vorwärts zu kommen bis hin zum Einbeziehen weiterer Spiele und anderer Medien, wie Spiel mit Licht, Dias bemalen, → Wortspiele mit Tageslichtprojektor (Epidiaskop) aber auch mit kleinen Festen oder Festessen in der Discothek.

Eckart Bücken

Literatur:
E. Bücken: Diskothek-Mediathek, Wuppertal 1977

Diskussionsspiele

Spiele, bei denen eine Gruppe über sich oder über ein Thema diskutiert nach bestimmten Spielregeln und mit einem spielerischen Vorverständnis, das Ganze nicht so bierernst zu nehmen.
Diskussionsspiele sind häufig angewendete Verfahren in der Jugendbildungsarbeit geworden und vor allem an der Akademie Remscheid entwickelt worden.

Literatur:
U. Baer: Remscheider Diskussionsspiele. Remscheid 1976
(Bezug: →Materialien, Robin-Hood-Versand)

Durchführung von Spieleinheiten

→Planung von Spieleinheiten
→Spielleiterverhalten
→Auswertung von Spielen
→Didaktisches Handeln

Einstieg, Kennenlernen

Bei der Einstiegsphase ist der Spielleiter gefordert. Gelingt es ihm zu Beginn, die Gruppenmitglieder 'aufzuwärmen', werden sie in aller Regel auch weiter positiv auf Vorschläge reagieren. Dazu müssen → Ängste und → Hemmungen abgebaut werden. Dazu müssen Einstiegsspiele einfach zu verstehen sein, motorisch/emotional animieren, muss die Gruppensituation einbezogen wer-

den. Von ihrer Einschätzung ist die richtige Auswahl des Einstiegs (→Animatives Spielleiterverhalten) abhängig. Hilfsfragen hierzu:
- Kennen sich die Mitspieler?
- Kennen sie sich in Spielsituationen?
- Sind Aggressionen vorhanden?
- Gruppengrösse, Alter, Räume, Material?
- Welche Erwartungen bringen die Teilnehmer mit?

Die Ziele einer spielerisch gestalteten Einstiegsphase könnten sein:
Die Teilnehmer sollen sich in nicht ernsten Situationen verbal und nonverbal kennenlernen (→Kennenlernspiele). Spielerisch-handelnd sollen sich die Teilnehmer an eine gemeinsame Kooperation gewöhnen. Allmählich soll ein Einstieg in das Thema bzw. den Zweck des Zusammentreffens spielerisch erfolgen.

Hajo Bücken

Literatur:
U. Baer: Kennenlernspiele →Einstiegsmethoden. Remscheid 1981 (4. Auflage).
(Bezug: →Materialien, Robin-Hood-Versand)

Einteilung von Spielen

Es gibt fast so viele Einteilungssysteme für Spiele wie es Spiele selbst gibt.

Das ist freilich übertrieben, kennzeichnet aber das Dilemma: Weil das Spiel eine so vielschichtige, komplexe Tätigkeit ist, kann man die unterschiedlichsten Aspekte des Spiels zur Grundlage eines Einteilungssystems machen. Als allgemeinverbindlich hat sich bisher kein Sy-

stem durchgesetzt. Spiele einzuteilen ist jedoch nicht nur für Systemfetischisten befriedigend, sondern auch für Spielpädagogen nützlich, z.b. bei der Einrichtung einer Spielkartei (→Kartei), bei der Spielplanung (→Planung von Spieleinheiten) und um selbst einwenig den Überblick zu behalten.
Spiele lassen sich nach verschiedenen Aspekten einteilen, einige Beispiele:
Kriterium Spielort:
Spiele für drinnen, Geländespiele, Reise- und Lagerspiele, Wasserspiele ...
Kriterium Gruppenorganisation:
Paarspiel, Kreisspiel, Mannschaftsspiel, Grosspuppenspiel ...
Kriterium Spielfunktion (Tätigkeiten):
Bewegungsspiel, Wahrnehmungsspiel, Lernspiel, Unterhaltungsspiel, Kennenlernspiel ...
Kriterium Spielmaterial:
Ballspiel, Maskenspiel, Körperspiel ...
In Anlehnung an Retter haben wir uns für die Grobeinteilung in
 – Regelspiele
 – Symbol- und Rollenspiele
 – Materialspiele
entschieden. Eine genauere Unterteilung z.B. der zahllosen Regelspiele nehmen wir nach den Spielfunktionen vor, also danach, was das Spiel bewirkt: Lockerung, Kennenlernen, Phantasieförderung, – und wenn wir jetzt auch noch Ausdrucksspiele dazurechnen, dann sind wir prompt an der Grenze zur nächsten Kategorie, bei den →darstellenden Spielen: Symbol- und Rollenspiele. Je nachdem, auf welchen Aspekt Spieler und Spielpädagoge mehr Wert legen (z.B. in der →Auswertung), kann ein Spiel mal eher zu dieser, mal zu jener Kategorie zählen. Die Systematik kann also nur eine Hilfskonstruktion bleiben.

Huberich schlägt folgende Einteilung von Gruppen-(Regel-)spielen vor:
Kontaktspiele
Lockerungsspiele
Bewegungsspiele
Konzentrationsspiele
Beobachtungsspiele (Wahrnehmungsspiele)
Ausdrucksspiele (Darstellendes Spiel)
Kreativitätsspiele (Phantasiespiele)
Kooperationsspiele
Vertrauensspiele
Diskussionsspiele
In dieser Liste fehlen die Brettspiele, Entscheidungs- und Planspiele, Rollen- und Materialspiele, Lernspiele und Spielaktionen sowie die reinen Party- oder Unterhaltungsspiele. Dennoch ist diese Einteilung für Spielpädagogen besonders nützlich, weil in den Spielbezeichnungen bereits die Fähigkeiten, die das Spiel trainiert, genannt werden.
U.B.

Literatur:
H. Retter: Spielzeug. Weinheim 1979
P. u. U. Huberich: Spiele für die Gruppe. Heidelberg 1979

Entscheidungsspiele

→Konfliktspiele, →Rollenspiel.
→Planspiel.

Erfinden und verändern

Da steht also ein Dame-Spiel zur Verfügung; aber wer hat schon Lust, immer das Gleiche zu spielen! Also werden die Regeln verändert; man darf auch rückwärts ziehen – jeder darf zwei Züge auf einmal tun – für eine Dame müssen zwei Spielsteine auf der gegnerischen Grundfläche ankommen ... Da kennen also alle Mitspieler die uralte 'Reise nach Jerusalem' (das Gähnen lässt sich kaum verhindern); aber wir wollen es ein wenig intensiver. Also werden die Regeln verändert; bei Ende der Musik müssen auf jedem Stuhl zwei Leute platznehmen, und zwar von unterschiedlichen Geschlechtern ...

Das Verändern von Spielen ist eine Anpassung der gegebenen Regeln an die eigenen Bedürfnisse. Die 'Situation' der Veränderer wirkt auf das zu verändernde Spiel ein (→ Veränderung von Spielen).

Das Erfinden von Spielen braucht ein wenig mehr Vorbereitung. Langwierige Analysen des Sinnes und Zweckes des neuen Spieles machen womöglich schnell die Lust am Erfinden kaputt. Aber ein paar Überlegungen seien empfohlen:
Soll das Spiel einfach ein neues Spiel sein?
Soll es einen bestimmten Zweck haben?
Wer soll es wann spielen?
Soll es etwa einen Themenkreis vermitteln?
Die 'Situation' der Erfinder wirkt auch auf das zu erfindende Spiel ein. Sie bestimmt Teilnehmerzahl, Thema, Regeln, Ziel. Unter Situation kann auch eine Aufgabenstellung gemeint sein.

Viele Umweltspiele sind von Gruppen durch Wiederspiegelung ihrer eigenen Situation entwickelt worden. Als Beispiel soll hier das 'Jugendzentrums-Spiel' stehen. Durch das Laufen von Spielfiguren über die Felder eines Brettes und durch Ziehen von Ereigniskarten sollen Jugendzentren initiiert und aufgebaut werden. Alle real vorhandenen Schwierigkeiten (z.B. Durchsetzung gegenüber den Behörden) schlagen sich im Spiel nieder. Sie werden dadurch erfahrbar und veränderbar gemacht — als Übung in einer spielerischen, nicht sanktionierten Zone.

Gruppen haben 'Dritte-Welt-Spiele', 'Öko-Spiele' und 'Polit-Spiele' entwickelt. Rezept: Man nehme die Realität, würze sie mit witzigen Spielideen und mische das Ganze, bis ein Spiel entsteht. Man sollte jedoch darauf achten, dass kein 'Ex-und-Hopp-Spiel' entsteht, bei dem nach einmaligem Spiel die Luft/Lust raus ist.

Das Erfinden eines neuen Spiels kann aber auch eine andere Aufgabe beinhalten als die spielerische Reflexion von Realität. Ein Element von sozialer, emanzipatorischer Erziehung wäre in einer Aufgabenstellung vorhanden, sich die Konkurrenzsituation vorzunehmen und zu überwinden.

Die Tätigkeit des Erfindens selbst ist Basis für weitere Überlegungen: Welche Spielform? Welche Materialien? Ist das Spiel gebaut oder sind die notwendigen Accessoires vorhanden, muss erprobt und korrigiert werden?

Hajo Bücken

Erholung und Spiel

Die Arbeit ist für die meisten so organisiert und eingeschränkt auf wenige Tätigkeitsvarianten, dass sie einer einseitigen Beanspruchung des Menschen gleichkommt. Die Arbeitsteilung in der Gesellschaft zwischen Berufen mit überwiegend Handarbeit und Berufen mit überwiegend Kopfarbeit unterstützt die einseitige Belastung. Das gilt übrigens auch für die Lernarbeit in der Schule und

Hochschule, bei der körperliche und psychische Prozesse und Bedürfnisse zugunsten geistiger unterdrückt werden. Der Mensch strebt jedoch nach allseitiger Entfaltung seiner Möglichkeiten und versucht daher zu Zeiten, in denen er nicht derart einseitig beansprucht wird, die Arbeits- und Lernbelastungen zu kompensieren. Spiel bietet hierzu hervorragende ausgleichende Möglichkeiten, weil das vielgestaltige Spiel
    a) keine erzwungene Tätigkeit ist,
    b) beim Spiel der Erfolgsdruck erheblich gemindert ist
    c) und weil Spiel den Menschen in allen seinen Möglichkeiten fordert.
Diese Ausgleichsfunktion des Spiels ergibt seinen hohen Erholungswert.
U.B.

Erkundungsspiele

Aufgabe: Nach zwanzig Metern seht ihr einen Gedenkstein. Was hat der Mann, für den der Stein errichtet wurde, für die Stadt getan? Wo erfährt man darüber Näheres?
Aufgabe: Erkundet die Einstellung von mehreren Jugendlichen auf der Fussgängerzone zum 'Jahr der Behinderten'.

Erkundungsspiele wurden von verschiedenen Jugendverbänden (Pfadfinder, Naturfreundejugend, Die Falken) für ihre Fahrten in bestimmte Städte oder Gegenden entwickelt. Das sind Abwandlungen von Rallyes oder Stadtspielen, bei denen es aber um die Erfüllung der Aufgaben und um die Wegsuche und überhaupt nicht um Schnelligkeit geht. Erkundungsspiele können auch Teil von Pro-

jektunterricht sein und sollten eine Mischung von folgenden verschiedenen Aufgabentypen enthalten:
- *Kreative Aufgaben,* bei denen die Gruppe gemeinsam zum Thema etwas produzieren soll (Verse, Musikstück, Fotocollage, ...);
- *Erkundungsaufgaben,* bei denen selbständig etwas zum Thema herausgefunden werden soll (Stadtarchiv, Befragung, Telefoninterview, ...);
- *Gag-Aufgaben,* die mit dem Thema nur indirekt oder symbolisch etwas zu tun haben sollen und vor allem der Auflockerung dienen;
- *Orientierungsaufgaben,* bei denen ein bestimmter Weg, eine bestimmte Stelle oder bestimmte Leute gefunden werden sollen.

Die Aufgaben können auch teilweise in Gruppen vorher von den Teilnehmern erarbeitet werden (die Aufgaben werden dann bei Beginn des Spiels an die jeweils andere Gruppe weitergegeben).
U. B.

Literatur:
→Rallye.

Familienspiele

Was dieses Stichwort in einem Wörterbuch der Spielpädagogik zu tun hat? Wesentliches Moment ist die Definition der spielenden Gruppe. In der Familie spielen Menschen unterschiedlicher Geschlechter, unterschiedlichen Alters und Wissenstandes, unterschiedlicher Abstraktionsvermögen. Man könnte noch eine ganze Reihe Argumente dafür anführen, dass die Spiele in Familien besonderer pädagogischer Aufmerksamkeit bedürfen.

Familienspiele

So schwierig sich das anhört, so vielfältig sind aber auch die Möglichkeiten. Lernfelder könnten sein:
Sanktionsfreies Umgehen miteinander
Das Ernstnehmen und Respektieren des Mitspielers
Das Kennenlernen seiner Wünsche/Fähigkeiten
Beobachten lernen
Lernen, sich unmissverständlich mitzuteilen
Lernen, Phantasie zu entwickeln
Lernen, Gefühle offener zu zeigen
Lernen, besser mit 'Animositäten' umzugehen
Lernen, Entscheidungen gemeinsam und gleichberechtigt zu treffen
Zusammenhänge erfahren ...
Diese Aufzählung zeigt, dass in der Familie das Lerngefälle nicht nur einseitig (von oben nach unten) festgelegt ist. Bewusst wird dies jedem, der weiss, wie schwer er mit Misserfolgen umgehen kann.
Dass oben von Lernfeldern gesprochen wurde (die übrigens natürlich nicht von einem einzigen Spiel abgedeckt werden können), bedeutet keineswegs die Eliminierung des Lustprinzips zugunsten pädagogischer oder intellektueller Inhalte. Es gibt genügend Spiele, bei denen beide Kriterien zutreffen.
Auf der andern Seite gibt es genügend bewusstlose Spielerei, bei der das Kind 'einfach die schlechteren Karten' hat. Wer mit einem siebenjährigen Kind Scrabble spielt, muss sich auf die Bedingungen des Kindes einlassen, sonst kann er seinen Anspruch (etwa 'Wörter lernen') gleich vergessen. Wer bei einem Brettspiel starr an den vorgegebenen Regeln festhält und sich mit dieser 'Sturheit' durchsetzt, verhindert die allseits proklamierte 'Entwicklung zur Kreativität' (Zu diesen Gedanken → Angst beim Spielen, → Hemmungen, → Soziales Lernen).

Eine formale Definition für Familienspiele gibt es nicht; der Bereich umfasst Brettspiele genauso wie Sprech-, Schreib-, Kim-, Gruppen-, Tanzspiele ... (siehe auch die Literatur unter diesen Stichwörtern). Zwei (preiswerte Taschenbücher mit Anregungen und Spielideen sind:
Dietmar M. Woesler: Spiele, Feste, Gruppenprogramme (Fischer TB). Frankfurt/M 1979
H. Steuer/C. Voigt: Das neue rororo Spielbuch. Reinbek 1980
Hajo Bücken

Feedback-Spiele

Es ist Mittwochnachmittag, die Gruppe ist sehr unruhig und der Spielleiter weiss eigentlich nicht so genau, was vorgefallen ist.
Der Gruppenleiter hat ein →Selbsterfahrungsspiel durchgeführt und möchte gerne wissen, welche Erfahrungen die Gruppenteilnehmer mit diesem Spiel gemacht haben, welche Gefühle die einzelnen Mitglieder haben.
Eine Gruppe Jugendlicher hat sich zu einem Wochenende getroffen, um →gruppendynamische Spiele und Übungen zu machen. Die Teilnehmer möchten mehr und konkretere Erfahrungen über sich selbst sammeln.

Ein Feedback-Spiel (Rückkopplungs-Spiel) ist ein gruppenpsychologisches Verfahren, um die momentane Situation der Gruppe und des Einzelnen zu verdeutlichen. Beim Feedback kommt es auf die richtige Formulierung an: es sollte immer positive und negative Elemente beinhalten (Mir gefällt an diesem Spiel ...; mir gefällt an Dir ...; Und: Dieses Spiel gefällt mir nicht, weil ...; Ich finde es nicht gut, dass ...). Auf das Feedback sollte zunächst nicht inhaltlich eingegangen werden.

Feedback-Spiele

Feedback-Spiele dienen in erster Linie dazu, Störungen in einer Gruppe festzustellen und diese sichtbar zu machen. Hierbei sind die persönlichen Erfahrungen des Feedback-Gebers und -Empfängers für den Gruppenprozess von Bedeutung.

Beispiel: 'Blitzlicht': Bei dieser Übung nehmen die Gruppenteilnehmer reihum Stellung zu einer bestimmten Frage, wie z.B. 'Wie fühle ich mich im Moment?' oder 'Was fand ich an dieser Spieleinheit für mich wichtig?'. Diese Übung dient dazu, festzustellen, wo die Gruppe 'steht'.

Auch in der Gruppendynamik spielen Feedback-Spiele eine grosse Rolle; die Teilnehmer sollen hierbei erfahren, was die anderen Teilnehmer denken und empfinden.

Beispiel: Beim 'Heissen Stuhl' steht ein leerer Stuhl in der Mitte einer Gruppe. Derjenige, der Feedback wünscht, setzt sich auf diesen Stuhl und bittet vier Gruppenmitglieder um Feedback. Wenn ihm etwas unklar ist, darf er nachfragen, aber nicht diskutieren.

Feedback-Spiele bedienen sich im Gegensatz zu Feedback-Übungen symbolischer Aussagen, z.B. welche Tiernamen würdest du Gruppenmitgliedern geben?
Oder: Stell' dir vor, unsere Gruppe ist eine Schiffsreisegesellschaft. Welche Rollen hätten die Gruppenteilnehmer (Kapitän, Steward, Bordkapelle usw.)?

Kritische Anmerkungen:
Intensive Feedback-Übungen, wie z.B. der 'Heisse Stuhl' sollten nur von Spielpädagogen eingesetzt werden, die über gruppendynamische Erfahrungen verfügen, da bei diesem Spiel auch extreme Gefühle auftreten können (z.B. Aggressionen gegen Teilnehmer).

Bernhard Pacho

Literatur:
Schwäbisch/Siems: Anleitung zum sozialen Lernen für Paare, Gruppen und Erzieher. Reinbek 1974

Kirsten/Müller-Schwarz: Gruppentraining. Reinbek 1976
Fritz, J.: Interaktionspädagogik. München 1975

Ferienspielaktion

"Wo fahrt ihr dieses Jahr denn im Urlaub hin?" Hans schweigt zunächst, druckst herum und meint schliesslich kleinlaut: *"Wir können nicht weg, auch dieses Jahr nicht."* Mitleidig sieht Helga ihn an: *"Tja, was machst du dann in den Ferien mit so viel Zeit?"* -*"Na, das gleiche wie im vorigen Jahr. Ich gehe wieder zum Ferientreff!"*

Wie Hans geht es einem grossen Prozentsatz aller Kinder und Jugendlichen, die aus unterschiedlichen Gründen gezwungen sind, ihre Ferien zu Hause zu verbringen. Deshalb wurden in einer Reihe von Städten Anfang der siebziger Jahre sogenannte Ferienspielaktionen eingerichtet, die seit ihrem Bestehen immer mehr an Beliebtheit zugenommen haben und sich als Alternative zu den bisher üblichen Stadtranderholungen durchgesetzt haben.

Das Angebot umfasst in der Regel die drei Bereiche Sport, Spiel und kreativ-produktive Betätigungsmöglichkeiten. Je nach den örtlichen Verhältnissen werden Aktivitäten in allen drei oder nur in zwei Bereichen angeboten. Meistens arbeiten Jugend- und Sportamt zusammen, aber auch in der Trägerschaft gibt es Unterschiede von Kommune zu Kommune. Auch in der Struktur gibt es Unterscheidungen. Zentral wird beispielsweise bei der 'Kinderferienparty' in der Dortmunder Westfalenhalle gearbeitet, d.h. alle Angebote befinden sich in mehreren Räumen des Hallengebietes.

Anders wird dagegen beim 'Ferientreff' in Recklinghausen verfahren, wo an verschiedenen Orten im Stadtgebiet Häuser der Offenen Tür, Sportstadien oder andere Städtische Einrichtungen in das Angebot miteinbezogen werden.

In manchen Städten wird darüberhinaus mit Büchereien, Museen, Sternwarten, Musikschulen und Kirchen zusammengearbeitet.

Sportliche Angebote sind z.B.:

Tischtennis, Hand-, Fuss- oder Volleyball, Minigolf, Crickett, Boccia, Kegeln, Bowling, Rollschuhlauf, Rollhockey, Schwimmen, Schwimmkurse, Turnen, Gymnastik, Trampolinspringen, Judo, Reiten sowie Leichtathletik.

Angebote im Spielbereich:

Kreis- und Gesellschaftsspiele, Brett- und Tischspiele, Schach- und Skatturniere, Stadt-, Wald- oder Geländespiele, Bauspielplatz, Spielanlagen, Rollenspiele, Puppen- und Theaterspiel.

Kreativ-produktive Betätigungsmöglichkeiten:

Instrumentenbau, Gruppenimprovisationen, Liederwerkstatt, Mal- und Zeichenaktionen, Werkarbeiten mit Gips, Emaille, Holz und anderen Stoffen, Batik, Kollagen, Siebdruck, Plakate, eigene Zeitung, Maskenbau, Körpermalerei.

Hinzu kommen besondere Gruppenaktivitäten wie Aktionen in der Umgebung, Reportagen, Dokumentationen, Ausstellungen, Wettbewerbe jeglicher Art, Ausflüge und Besichtigungen. Ergänzt wird das Angebot durch Feste und Feiern wie Lagerfeuer, Grillparties, Riverboatshuffle, Sommerfeste, Tanztee oder Diskothek.

Ferienspielaktionen, bei denen eine adäquate Mischung zwischen rezeptiven und produktiven Angeboten besteht, sind pädagogisch hoch einzuschätzen. Überwiegt aber der Konsumbereich, wirken sie eher hemmend und

unterstützen das sowieso schon stark vorhandene Konsumverhalten von Kindern und Jugendlichen (→Kinderkulturarbeit).
Wesentlichen Anteil am Gelingen solch einer Aktion tragen die Mitarbeiter. Es hängt daher alles davon ab, wie gut die vorbereitende Schulung ist.
Eckart Bücken

Feste und Feiern

Weitgehend herrscht die Meinung vor, ein Fest oder eine Feier bräuchten einen Anlass. Mir erscheint das zwar eher wie der Anlasser eines Motors, und so mechanisch sollte ein Fest doch nicht sein. Dennoch für die Unentwegten hier eine Auswahl von Anlasserei:
Geburtstag – Namenstag – Kommunion – Komfirmation – Schulfest – Klassenfest – Gruppenfest – Spielplatzfest – Clubfest – Vereinsfest – Strassenfest – Stadtviertelfest – Dorffest – Sommer-, Winter-, Herbst- oder Frühlingsfest – Weihnachten, Ostern, Pfingsten, Karneval, Kirmes, Silvester, Nikolaus, Martin, Erntedankfest

Entscheidend ist jedoch mehr der Inhalt, das Thema des Festes: Im Jahr 2000 – Es spukt – Hexen und Zauberer – Zirkus – Clownfest – Ritter – Indianer – Müll – Blütenfest – Lumpenfest – Erdbeerfest etc. – Wald – Wasser – Garten – Ferienbeginn – Im Zoo – Ausländer – Blätter – Kartoffel – Drachen – Kastanien – Schneemann – Eskimos – Theater – Saloon – Sternchen – Mal – Ballons – Schatten – Fotobox – Musikkiste – Pappenstiel – Olympiade.
Ein Fest steht und fällt mit der Vorbereitung. Da allerdings gibt es viel zu tun – für die vorbereitende Gruppe

gehört das schon mit zur Feier; dies kann und soll nämlich auch eine kreative, lustvolle Sache sein. Wie macht man die Einladungen? Was soll darauf stehen? Wen laden wir ein?/Wie können wir die Umgebung des Festes ausschmücken? Welche Dekorationsmaterialien bieten Natur und Rumpelkammer? Brauchen wir Beleuchtung? Musik?/Wie stehts mit Essen und Trinken? Was können wir davon selber machen? Wie können Speisen listig verändert werden (Lebensmittelfarben)? Wie können wir Essen und Trinken mit dem Thema des Festes kombinieren ('Drachen-Frass, 'Blütentee' ...) Brauchen wir Preise für Wettbewerbe?/Welche Spiele wollen wir machen? Welche passen wiederum zu unserem Thema (Tanz der Blüten, Hexentanz, Ballonwettfliegen ...) ... Materialien? Vor allem: Was können wir schnell erfinden, wenn wir das Fest draussen geplant haben und es buchstäblich ins Wasser fällt?

Zu den organisatorischen und inhaltlichen Aspekten sollten pädagogische stossen. Auch diese kann man in Fragen kleiden:

Sind die Feiernden gleichaltrig, gleichsprachig, von gleichem Bildungs(Kultur-)stand?

Kennen wir die Gäste und wissen wir über sie und ihre Bedürfnisse bescheid?

Können wir Bewegungsspiele so gestalten, dass die körperlich weniger Entwickelten Spass haben?

Können wir Denk/Sprechspiele so gestalten, dass die geistig weniger Entwickelten Erfolge haben?

Das Verhalten des 'Festleiters' sollte dem des →Spielleiters entsprechen. Er sollte sich als Eingreifreserve verstehen, wenn Enttäuschungen überwunden, Misserfolge kanalisiert werden müssen. Deshalb kann er getrost und mit viel Spass mitfeiern!

Hajo Bücken

Literatur:
→Spielsammlungen

Figurentheater/Figurenspiel

Das Figurentheater kann aus dem experimentierenden Spiel mit Gegenständen oder Materialien hervorgehen, sie zweckentfremden oder abstrahieren.

Das Figurentheater umfasst auf verhältnismässig kleinem Raum eine Vielzahl von Elementen, so dass eine Teamarbeit unter verschieden interessierten Teilnehmern ermöglicht wird (Bau, Spiel, Beleuchtung, Ton ...).

Der Spieler bringt die Elemente zum Leben; er kann mittelbar oder unmittelbar mit Figuren spielen oder selbst (auch ohne Puppe) zum Partner der Figuren werden und für den Zuschauer sichtbar sein.

Eine Puppenspielerin aus Prag umschreibt das so: „Der Übergang vom Spiel zum Puppenspiel lässt sich vereinfacht in einem Vergleich darstellen: Die Kugel ist dem einfachen Spiel zugeordnet. Fixiert man ihre Position durch Aufsetzen auf den Finger oder auf einen Stab, kann aus dieser Spezifizierung Puppenspiel werden.

Aus dem Verhältnis von Stab zu Kugel lassen sich alle Puppenarten ableiten: Setzt man die Kugel auf einen Stab, so hat man die *Stockpuppe*. Verlängert man den Stab bis zum Boden, gewinnt man die *Stabpuppe*. Wird der Stab nach unten gehalten oder durch Schnur und Faden ersetzt, erhält man die *Marionette*. Ersetzt man den Stab durch den Zeigefinger, entsteht die *Handpuppe*. Ist die Kugel durch eine runde Scheibe ersetzt, kann sie als *Maske* gehalten werden. Der in der *Vollmaske* verborgene Spieler agiert als *Gliederpuppe*. Auch der *Pantomime* besitzt Eigenschaften der Gliederpuppe."

(→Puppenspiel)

Edeltrud Freitag-Becker

Fingerspiele

Da laufen doch tatsächlich zwei Finger über die Bettdecke, kommen näher und näher und plötzlich zwicken sie einen in die Nase!
Ein Fingerspiel mit Kleinkindern, wer erinnert sich nicht daran?

Begleitet und untermalt von meist alten Kinderreimen sind Finger und Hände die einfachsten und zugleich wandlungsfähigsten Handpuppen der Welt.
Bei Fingerspielen werden Finger und Hände zu Spielmaterialien und symbolisieren eigenständige Lebewesen: Tiere, Menschen, Phantasiefiguren. Dabei lässt sich die Phantasie etwas unterstützen, wenn die Finger angemalt werden, auf Fingernägel mit Filzstift Gesichter gemalt werden, wenn Hände mit einem Taschentuch, Schal oder Serviette sich verkleiden.
Später, wenn die Kinder ins Schulalter kommen, ist das alles vorbei: die Finger, Hände und Füsse sind nicht mehr eigenständige, sprechende 'Spielmittel', sondern verkümmern zu reinen Nutzinstrumenten.
Aber was hat denn ein Kind von diesen Fingerspielen?

- Konzentration auf den eigenen Körper, Kennenlernen seiner Beschaffenheit, seiner Bewegungsmöglichkeiten.
- Differenziertes Üben der Feinmotorik (kleinster, sensibler Bewegungsabläufe): Was bewegt sich alles beim Strecken der Hand? Welche Falten entstehen auf den Fussohlen?
- Entwicklung von Ideen zu möglichen Figuren und Ausgestaltungsmöglichkeiten mit Farbe, Stoff, Handschuhen, Streichholzschachteln ... (→Figuren-, Puppenspiel).

Eine ganz besondere Möglichkeit für Finger- und Händespiele ist das →Schattentheater: ein vollständiger Zoo lässt sich so mit zwei Händen an die Wand zaubern!
Edeltrud Freitag-Becker/U.B.

Fortbildungsmöglichkeiten

Weil Spielpädagogik eine Spezialisierung innerhalb eines sozial-, schulpädagogischen oder künstlerisch-kulturellen Berufes ist, gibt es dafür zwar keinen Ausbildungsgang, aber zahlreiche Fortbildungsmöglichkeiten. Für ihre Mitarbeiter veranstalten die örtlichen oder regionalen Träger von sozialpädagogischen Einrichtungen (Städte, Kreise, Verbände, Initiativen) spielpädagogische Tagungen. Bisweilen werden solche Seminare auch in Verbindung mit Volkshochschulen organisiert und stehen dann allen Bürgern offen.

Einen weiteren Interessentenkreis erfassen die Angebote der oft landesweit ausgeschriebenen Spielpädagogik-Tagungen der →Arbeitsgemeinschaften.

Langfristige, berufsbegleitend angelegte Fortbildungen zur Spielpädagogik bieten vor allem die Akademie Remscheid für musische Bildung und Medienerziehung und das (evang.) Burckhardthaus in Gelnhausen an. Diese Fortbildungen sind mehrwöchig und bieten eine grundlegende Einführung in Spiel- und Theaterpädagogik.

Fortbildungen zur Spielpädagogik müssen vor allem drei Dinge leisten:

- Die Spielfähigkeit der Teilnehmer selbst muss Inhalt der Fortbildung sein, sie muss in der Regel geweckt, geübt und gefördert werden.
- Die Fähigkeit der Teilnehmer, ziel- und gruppenadäquate Spiele auswählen und einsetzen zu können,

muss an praktischen Projekten geübt und gefördert werden.
- Die Fortbildung muss bei den Teilnehmern Phantasie, souveränes Gruppenleiterverhalten und kritische Distanz zur Rolle des Spiel entwickeln.

(→Didaktik der Spielerziehung)
U.B.

Literatur:
Fortbildungsprogramme können bei den →Arbeitsgemeinschaften und bei der Akademie Remscheid, Küppelstein 34, D-5630 Remscheid und beim Burckhardthaus, D-6460 Gelnhausen angefordert werden.

Freispiel

Freispiel, das sind jene Stunden im Kindergarten, in denen die Kinder ohne Anleitung spielen und sich beschäftigen können. Die Erzieherinnen stehen als anregende Spielpädagogen oder als Spielpartner nicht zur Verfügung, sie beobachten die Kinder, bereiten andere Sachen vor oder — trinken Kaffee. Begründet werden diese Freispiel-Stunden damit, dass hier die Kinder frei (ohne pädagogische Eingriffe) selbstbestimmt spielen können. Allerdings ist der bewusste Rückzug der Erzieherinnen auch ein Eingriff in das Bedingungsgefüge des Kindergartens. Kinderläden und fortschrittliche Kindertagesstätten, die nach dem situativen Ansatz oder nach Projektideen arbeiten, haben deshalb kein vom Stundenplan verordnetes 'Frei'-Spiel.
U.B.

Friedenserziehung und Spiel

Frieden lässt sich bekanntlich nicht durch moralische Appelle erreichen, sondern setzt u.a. bestimmte soziale Fähigkeiten und Einstellungen bei den Menschen voraus. Bei Teilen einer Erziehung zum Frieden können Spiele hervorragende Dienste leisten:

Kritisches Verständnis für Konfliktfragen und Unterdrückung:
Die Situation von vielen Staaten der Dritten Welt können z.B. entwicklungspolitische Simulationsspiele nachvollziehbar machen. Diese Spiele wurden von 'Brot für die Welt' und 'Brot für Brüder' entwickelt und haben Rollen- bzw. Planspielcharakter. Durch Symbolhandlungen können Jugendliche sich auch emotional die Lage von unterdrückten, ausgebeuteten Ländern verständlich machen.

Kritischer Umgang mit Fremdbildern:
Die Relativität der eigenen Vorurteile und die Konfrontation mit der Wirklichkeit können Kinder und Jugendliche sehr intensiv mit einigen Bilderspielen ('Personenerfindung') erfahren. Dabei geht es nicht darum, idealistisch so zu tun, als hätte man keine Vorurteile, sondern diese zu registrieren, mit ihnen zu spielen, sie zu relativieren.

Planung von Friedensstrategien und passivem Widerstand/Gewaltfreien Aktionen:
Das Planspiel können nicht nur die Militärs für ihre Vorbereitung gut anwenden, sondern auch Jugendgruppen und Bürgerinitiativen, um kreative, gewaltfreie Durchsetzungsmöglichkeiten in Konflikten durchzuspielen.

Friedensfähigkeit durch Angstfreiheit:
In verschiedenen Kooperations- und Rollenspielen werden Durchsetzungsfähigkeit und Angstüberwin-

Friedenserziehung und Spiel

Eine Aktion des Jugendamtes der Stadt Gelsenkirchen

dung sowie souveränes Verhalten geübt. Auch dies ist ein Beitrag zur Friedenserziehung.
(→Politische Bildung und Spiel)
U.B.

Literatur/Material:
Einige der erwähnten Spiele sind über den Robin-Hood-Versand beziehbar (Katalog anfordern): Marienstrasse 9-11, D-3000 Hannover 1.
Kontakte ferner über den Verein für Friedenspädagogik, Seelhausgasse 3, D-7400 Tübingen.

Funktion des Spiels in der Gesellschaft

Generell lässt sich an der Spieltätigkeit von Kindern erkennen, dass Spiel erziehend wirkt, also als ein ganz wesentlicher Sozialisationsfaktor zu betrachten ist: mit dem Spiel lernen Kinder sich kennen, üben und verbessern ihre körperlichen, geistigen und psychischen Fähigkeiten, erlernen und üben soziales Verhalten sowie den Umgang mit Material, Natur und Geräten.
Bei Jugendlichen und Erwachsenen funktioniert Spiel überwiegend als unterhaltsame, gesellige (kommunikative) Kompensation — Ausgleich zu entfremdeter und einseitig belastender Arbeit.
Kommerzialisierung, Animation im Tourismus und die Reduzierung von Spiel auf reines Freizeitvergnügen verstärken die Funktion des Spiels als Zeitvertreib, Ablenkung und Fluchtmöglichkeit vor Konflikten und Auseinandersetzungen mit den Problemen der Umwelt.
Spiele, die in ihrem Inhalt unsere Umweltprobleme nicht ausklammern und bewusst den Einflüssen der Arbeitswelt und sonst üblichen Verkehrsformen entgegenste-

Funktion des Spiels in der Gesellschaft

Meinungen zur Funktion des Spiels	Diese Einstellung	habe ich auch	halte ich für überwiegend richtig	halte ich für überwiegend falsch	lehne ich ab
A	"Kinder haben von Natur aus einen gesunden Spieltrieb. Man sollte sie deswegen so spielen lassen, wie sie wollen, und nicht 'pädagogisch' eingreifen."				
B	"Ich will Kindern und Jugendlichen im Spiel einen Freiraum schaffen helfen, in dem sie all das tun können, was sie möchten, aber häufig nicht tun dürfen."				
C	"Die meisten Kinder und Jugendlichen können gar nicht mehr richtig spielen, sie müssen es erst wieder lernen."				
D	"Spiel ist für Kinder wie für Erwachsene eine Möglichkeit, vom Alltag mit seinen Problemen und Zwängen einmal abzuschalten, und das braucht man einfach, um wieder zu sich selbst finden zu können."				
E	"Man darf beim Spielen mit Kindern und Jugendlichen nicht nur auf deren momentane Bedürfnisse eingehen, sondern muß immer auch daraufhin arbeiten, daß sie neue Erfahrungen machen und ihre wahre soziale Situation erkennen."				
F	"Spontanes, nicht angeleitetes Spiel ist zwangsläufig immer affirmativ, d.h. in ihm wird Bestehendes nachgeahmt, Bekanntes wiederholt und dadurch verstärkt. Spielen, das wirklich zu neuen Erkenntnissen führen soll, bedarf daher immer der Anleitung."				
G	"Für mich steht beim Spielen im Vordergrund, daß es in einer Gruppe geschieht. Ich halte daher das, was beim Spielen zwischen den Spielenden sich ereignet, bei jedem Spiel für wichtig."				
H	"Spielen soll zuallererst Spaß machen, Freude bringen. Es wirkt sich letztlich schädlich aus, wenn man Kinder und Jugendliche im Spiel mit Alltagsproblemen konfrontiert."				

hen, können diese systemstabilisierende Ablenkungsfunktion verringern (→Alternative Spiele, →Gesellschaft und Spiel, →Spieltheorie, →Lernen im Spiel).
U.B.

Geländespiel

Vermisstensuche: Eine Gruppe von 5-8 Mitgliedern versteckt sich einzeln in einem Waldstück und soll in einer vereinbarten Zeit von der Suchmannschaft (alle übrigen Spieler) gefunden werden. Wer gefunden wurde, kann sich auch an der Suche nach weiteren 'Überlebenden' beteiligen.

Geländespiele sind allein schon durch die mannigfaltigen Naturformen spannend. Bäche, Hügel, Gestrüpp, Bäume, Bänke, Zäune – alles kann als Versteck, Hindernis oder Begrenzung dienen. Alle Spiele können ausserdem auch nachts veranstaltet werden, was die Sache nach aufregender macht!
Drei Typen von Geländespielen sind am meisten verbreitet:
- das Wettkampfspiel, bei dem Mannschaften sich gegenseitig jagen, suchen und abschlagen müssen;
- der Hindernisparcour, bei dem eine bestimmte Strecke über alle natürlichen Hindernisse hinweg bewältigt werden muss;
- das Orientierungsspiel, bei dem der Weg zu bestimmten Stationen gefunden werden muss (Orientierungs- →Rallye).

Bei Geländespielen sind einige Hinweise zu beachten:
- Das Gelände sollte begrenzt sein oder eine Abrenzung mit der ganzen Gruppe vereinbart werden.

- Der Spielleiter sollte sich vorher das Gelände angesehen haben, Gefahrenpunkte und eventuelle Naturschutzbestimmungen festgestellt haben.
- Ein klares (am besten akustisches) Signal für Spielende oder -abbruch, ein Versammlungsort und eine Zeitgrenze müssen vereinbart werden.
- Der Spielleiter sollte immer erreichbar sein und eine kleine Erste-Hilfe-Ausrüstung mitführen.

Ein kleiner Tip: Turnhallen lassen sich zur Not mit vielen Grossgeräten und Seilen auch in 'wilde Gelände' verwandeln! (→Erkundungsspiele).
U.B.

Literatur:
→Rallye

Geschlechtsrollen und Spiel

In einer sexualpädagogischen Gruppe in einem Jugendzentrum wird heftig und lautstark debattiert (Teilnehmer: 16-18jährige Jungen und Mädchen, bzw. junge Frauen, junge Männer, Lehrlinge, Jungarbeiter). Nach einem von den Gruppenleitern vorgeführten 'idealtypischen' Rollenspiel zum Thema 'Anmach-Verhalten', in dem Mädchen die aktivere Rolle hatten als Jungen, brach die Diskussion los. Ein Mädchen: „Ihr tut immer so, als würde es reichen, wenn Ihr mit dem Finger schnippst, und wir springen! Was wäre denn, wenn wir Euch immer auf den Hintern klopfen würden?" Darauf ein Junge: „Und Ihr? Ihr setzt Euch hin wie Madonnen, rein und fein. Wir können uns abstrampeln. Und dann lasst Ihr einen grad mit Fleiss auflaufen!"

Geschlechtsrollen und Spiel

Das Spiel, in dem alternative Formen des Umgangs exemplarisch vorgestellt werden sollten, hatte zum Ausbruch gebracht, was in der Realität tagtäglich erlebt wird. Durch die Bewusstmachung im Spiel konnte anschliessend engagierter und kritischer die Problematik besprochen werden.

Spiele, die die Fixierung und Ausprägung von Geschlechtsrollen thematisieren, werden immer auf Erfahrung und Erlebnisse in der Realität bezogen. Jugendliche befinden sich in einem Prozess der Identitätsbildung. Das In-Frage-Stellen der vorgegebenen Geschlechtsrollen ist nur begrenzt möglich und wird häufig als bedrohlich erlebt! Wenn man es als Gruppenleiter initiiert, muss man mit emotional heftig besetzten Konflikten rechnen.

Paradoxe Situationen: Es werden Situationen vorgegeben, die gemessen am heute 'üblichen' Verhalten ungewöhnlich sind: Ein Mann sucht beim Arbeitsamt eine Halbtagsstelle (seine Frau ist Hauptverdiener); Frauen sitzen in der Wirtschaft, ihre Männer holen sie ab; eine Frau spricht einen Mann an, macht den eindeutig 'ersten Schritt'; Männer treffen sich im Waschsalon und unterhalten sich über Probleme des Haushalts, und ... und ... Untergruppen bereiten es vor, von einzelnen Akteuren wird es gespielt.

Spiele, wie überhaupt die Thematisierung von Geschlechtsrollen können zwei zu unterscheidende Ziele haben: Selbstfindung und Identitätsbildung einerseits, Verständnis für das anderer Geschlecht andererseits. In gemischten Gruppen sollten die Gruppenleiter ein Mann und eine Frau sein. Die Konflikte der gesellschaftlichen Realität sind mit Spielen nicht aufzuheben!

Erreicht wird durch solche Rollenspiele das Hineinversetzen in die Gegenrolle und damit mehr Empathie (Rücksicht). Angestrebt wird auch eine Meinungsänderung (oder zumindest -klärung) über das eigene Rollenverhalten.

(→Sexualerziehung und Spiel)
Peter Paulich

Geschlechtsspezifisches Spielen

Es ist bekannt, dass Mädchen eher mit Puppen spielen als Jungen; während Jungen eher technische Konstruktionsspiele bevorzugen. Mädchen machen eher Tanzspiele als Jungen, und Jungen tun sich oft schwer, im darstellenden Spiel weibliche Rollen zu übernehmen.

Die geschlechtsspezifische Bevorzugung von bestimmten Spielmaterialien und die geschlechtsspezifische Vorliebe für bestimmte Spiele lassen sich empirisch nachweisen. Untersuchungen in Belgien, der BRD, der DDR und den USA kommen übereinstimmend zu dem Ergebnis, dass bei Jungen mehr Baukästen, Autos, Kinderräder und Eisenbahnen vorhanden sind, während Mädchen mehr Puppen, Tiere, Puppenwagen und Spiel-Haushaltsgeräte besitzen.
Dieser geschlechtsspezifische Spielzeugbesitz fördert durch ständiges spielendes Üben geschlechtsspezifische Denk- und Verhaltensweisen. Allerdings sind solche Spiel- und Spielzeugpräferenzen wohl eher ein *Ergebnis* geschlechtsspezifischer Sozialisation als eine wesentliche Ursache. Die Ausprägung geschlechtsrollentypischer Denk- und Verhaltensweisen beim Spielverhalten der Kinder und bei ihren Spielzeugwünschen ist nach den lerntheoretischen Ansätzen (1) durch die Rollenvorbilder der Erwachsenen und (2) durch die geschlechtsrollenkonforme Bewertung in der Gruppe der Spielkameraden sowie (3) durch die Rollenklischees in Medien und Werbung verursacht. Geschlechtsspezifisches Spielverhalten spiegelt also die herrschenden Verhaltensstereotypen.

Spiele, insbesondere Rollenspiele, können eine hervorragende Methode zur Aufklärung und Relexion von Rollenklischees sein.
U.B.

Gesellschaftsspiele

Andere Bezeichnung für →Brettspiele. Einige →Spielaktionen, die Kindern Einblick in die Struktur und das Funktionieren unserer Gesellschaft geben sollen, werden manchmal ebenfalls 'Gesellschaftsspiel' genannt.

Gesellschaft und Spiel

„Es gibt Augenblicke, wo man sich wundert über alle, die keine Axt ergreifen. Alle finden sich damit ab, obschon es ein Spuk ist. Arbeit als Tugend. Tugend als Ersatz für die Freude. Und der andere Ersatz, da die Tugend nicht ausreicht, ist das Vergnügen: Feierabend, Wochenende, das Abenteuer auf der Leinwand –"
Max Frisch, Graf Öderland, Frankfurt/M. 1961

Da eine detaillierte Gesellschaftsanalyse im Rahmen dieses Buches nicht möglich ist, sollen einige Aspekte angesprochen werden, die für die Funktion des Spiels in dieser Gesellschaft besonders wichtig erscheinen.
1. Die bestimmende Basis unserer Gesellschaftsstruktur bildet die wenig kontrollierte kapitalistisch organisierte Marktwirtschaft.
Für das Spiel bedeutet das, dass auch mit Spiel viel privater Profit gemacht werden kann (Flipper- und Automa-

tenspielhallen; Spielbanken; Spielwarenindustrie und -handel; hoch bezahlte Spitzenspieler bei Sportspielen).
In sehr vielen Spielen spiegelt sich die bestehende Wirtschaftsordnung direkt wieder: 'Playboss', das 'Börsenspiel' und natürlich 'Monopoly' sind verbreitete Beispiele. Die in dieser Wirtschaftsordnung erforderlichen Fähigkeiten und Normen wie das fremdbestimmte Leistungsprinzip und die Konkurrenz der Lohnabhängigen untereinander, sowie die Dominanz der materiellen Belohnung wirken sich auf das Spielverhalten der Kinder aus: Wettbewerbsspiele, Preise für die Sieger, Verhalten an Spielautomaten usw. An diesem vielfältigen Durchschlag der ökonomischen Verfassung dieser Gesellschaft auf das Spielen von Kindern und Jugendlichen wird deutlich, dass Spiel nicht in einem romantischen Winkel heiler Kinderwelt stattfindet.
2. Das Interaktionssystem der Gesellschaft ist trotz formaler Demokratiebekenntnisse weitgehend hierarchisch-autoritär strukturiert. Jugendproteste und unzählige Bürgerinitiativen machen deutlich, dass das hochbürokratische Planungs- und Versorgungssystem nur wenig Einflussmöglichkeiten gestattet. Chancengleichheit und Mitbestimmung bleiben überwiegend nur Reformversprechen.
Das Spiel realisiert hierzu weitgehende Gegensätze: Freiwilligkeit, Sinnlichkeit, gleiche Chancen der Spieler, die Freiheit der Wahl und Phantasie, Spass und Geselligkeit, Aktivität und offene Kommunikation... – dadurch gerät Spiel ins 'Abseits', abgetan als 'Spielerei'; zwar für die Kinder schon wichtig, aber eben doch keine ernsthafte Beschäftigung. Abenteuer lässt diese verwaltete Gesellschaft nicht zu, es sei denn auf dem Abenteuerspielplatz! In dieser Gesellschaft verkommt die Explosivkraft des Spiels zur Urlaubsunterhaltung und zur Fernsehshow.

Gesellschaft und Spiel

Welche Konsequenzen könnte man aus den aufgezeigten Zusammenhängen und Widersprüchen ziehen?
Auch Spielpädagogen müssen dafür sorgen, dass die Spielräume in dieser Gesellschaft für alle Altersgruppen ausgeweitet werden ('Mehr Spielfeste in öffentlichen Parkanlagen!').
Spielleiter müssen die utopisch-phantastischen Möglichkeiten des Spiels nutzen – nicht, um mit Gruppen bizarr 'auszusteigen', sondern um sich an der Veränderung dieser Gesellschaft zu beteiligen ('Spass an →alternativen Spielen!').
Beim Kauf von Spielzeug und Spielmaterialien mehr als bisher auf die Phantasieförderung und Unterstützung kooperativen Verhaltens durch diese Spielmittel achten (→Gutes Spielzeug!).
Durch die Modellwirkung auf Jugendliche und Erwachsene sollte der Spielpädagoge mit seinem eigenen Verhalten eine spielerische Einstellung und Mut zu unkonventionellem, kreativem Handeln fördern ('Spass am Spiel vorleben'!).
Schliesslich: Durch die grössere Verbreitung wirklichkeitsnaher Brett- und Simulationsspiele kann der Spielpädagoge dazu beitragen, dass das Spiel nicht nur als unterhaltsame Flucht-Hilfe genutzt wird ('Öko-Spiel statt Monopoly'!).
U.B.

Glücksspiel

Zu dieser Spielart zählen alle Spiele, bei denen der Spieler 'Glück haben' muss, um zu gewinnen, d.h. es muss sich zufällig ein für ihn günstiger Spielablauf ergeben, der Spieler selbst hat überhaupt keine Eingriffsmöglichkeiten (fast alle Münzspielapparate zählen z.B. zu den Glücksspielen).
Glücksspiele können sehr spannend sein, ihr pädagogischer Wert ist jedoch eher ein Unwert, weil er die Einstellung fördert, dass man sich halt in das Geschehen schikken muss. Glücksspiele erfordern eine passive, fatalistische Haltung, die den Zielen einer emanzipatorischen Erziehung widerspricht.
Dennoch ist auch hier diese Angelegenheit 'nicht so verkniffen zu sehen', d.h. sich aus reiner Unterhaltung und Ablenkung *mal* bei einem Glücksspiel zu beteiligen wird wohl kaum jemandem schaden. Für bedenklich würde ich es jedoch halten, wenn ein Kind oder Jugendlicher grundsätzlich keine anderen Spiele als Glücksspiele gern spielt (von Mensch-ärgere-Dich-nicht bis 'Rotamint').
U.B.

Grossgruppenspiele

Die rund 80 Jugendlichen stellen sich zu einem ganz engen Kreis auf, Schulter an Schulter, dann macht jeder eine Rechtsdrehung, der Kreis wird noch etwas kleiner und dann setzen sich alle auf den Schoss ihres Hinter'mannes'. Das grosse Schossitzen. Musik spielt und dann versuchen alle im Sitzen voranzukommen, ein paar Meter schaffen sie, dann purzeln an einer Stelle des Kreises die ersten, die andern fallen drauf und wie bei der Kettenreaktion von aufgestellten Dominosteinen landet schliesslich alles auf dem Fussboden.

Wenn ein Spielleiter nicht mehr auf jeden eingehen kann, wenn er zur Verständigung am besten ein Mikrofon mit Verstärker benutzt, wenn er auf einen Blick die Gruppe nicht mehr zählen kann — spätestens dann handelt es sich um eine Grossgruppe. Der Spielleiter muss einiges bedenken, wenn er in eine solche Gruppe ab ca. 25 Teilnehmer Spiele eingibt:

- Der Spielleiter muss Spielregeln, Beendigungen des Spiels u.a. Anweisungen für alle verständlich machen (Verstärkeranlage; alle hinsetzen lassen; alle eng zusammenkommen lassen).
- Der Spielleiter muss Spiele aussuchen, bei denen es nicht auf eine bestimmte Teilnehmerzahl ankommt, weil Grossgruppen leichter fluktuieren und es auch wahrscheinlicher ist, dass einige nicht mitmachen.
- Wird ein Grossgruppenspiel in mehreren kleineren Gruppen gespielt, so braucht der Spielleiter einen Co-Referenten, um den Überblick zu behalten. Zur Bewahrung des Überblicks ist es auch grundsätzlich günstiger, als Spielleiter nicht mitzuspielen.

Manche Körper- und Bewegungsspiele (→new games) sind besonders mit grossen Gruppen überhaupt erst spielbar oder spannend. Einige Simulationsspiele, bei denen verschiedene gesellschaftliche Gruppen simuliert werden (→Planspiel) erfordern ebenfalls Teilnehmerzahlen von mindestens 20 Personen. Für solche Lernspiele in Grossgruppen werden Auswertungsverfahren erforderlich, die möglichst viele Teilnehmer zur Reflexion und Wiedergabe ihrer Eindrücke motivieren.

U.B.

Literatur:
U. Baer: Spielen und Lernen mit Grossgruppen, 1981 (3.)
(Bezugsmöglichkeit →Materialien)

Gruppendynamik und Spiel

Die Gruppendynamik ist eine Forschungsrichtung der Psychologie, Soziologie und der Sozialpsychologie. Thema ist die Dynamik von Gruppen, d.h. es wird untersucht, wie Gruppen entstehen, wie sie funktionieren und welche Einflussmöglichkeiten auf den Gruppenprozess bestehen. Das Medium Spiel wird als Mittel eingesetzt, diese Prozesse sichtbar zu machen und zu beschleunigen.
In der Gruppendynamik spielen →Selbsterfahrungsspiele, → Rollenspiele mit Rollentausch und → Feedback-Spiele eine grosse Rolle. Alle diese Spiele haben die Funktion, den Gruppenprozess zu verdeutlichen und/oder zu verändern.
Beispiel: Der Gruppenleiter kommt in die Gruppe, setzt sich auf einen Stuhl und sagt nichts. Zunächst ist eine Weile Stille, dann kommen die ersten Anforderungen (teils Aggressionen der Teilnehmer) an den Leiter, der immer noch still und ohne Reaktion den Gruppenprozess beobachtet. Anschliessend wird untersucht, was bei den einzelnen Gruppenmitgliedern abgelaufen ist, und es werden Beziehungen zu früheren Erfahrungen hergestellt.
Durch gezielte Übungen und Spiele sollen den Teilnehmern Verhalten, Normen, Vorurteile und Abwehrmechanismen bewusst gemacht werden. Die somit erreichte Sensibilität der Teilnehmer verbindet sich mit der Fähigkeit, den Gruppenprozess differenzierter wahrzunehmen und Probleme besser zu benennen. Die Teilnehmer erreichen eine intensive Vertrautheit und Intimität.

Kritische Anmerkungen:
Die intensive Vertrautheit, die in den Gruppen aufgebaut wird, ist in der Realität nicht vorhanden. Die gemachten Erfahrungen sind nur schwer umsetzbar in die Realität der Teilnehmer.

Vertrauen, Intimität und Wärme werden zu neuen Normen, die genauso machtvoll und einschränkend wirken können, wie die alten Normen.

Die Frage nach dem 'Wozu?' der gruppendynamischen Wochenenden und Workshops wird oftmals nicht klar, oder ist sogar von vornherein fragwürdig.

Meine Beobachtung:
Teilnehmer von gruppendynamischen Workshops sind verunsichert, wie sie das Gelernte umsetzen sollen. Teilnehmer machen mehrere Veranstaltungen hintereinander mit, weil sie diese Vertrautheit und Intimität der Gruppen nirgendwo anders finden und aufbauen können (Flucht aus der Realität).

Bernhard Pacho

Literatur:
Fritz, J.: Interaktionspädagogik. München 1975
Ammon, G.: Gruppendynamik der Aggression. Berlin 1971
Seifert, W.: Gruppendynamik im Amateurtheater. Recklinghausen 1974

Gruppierung von Spielen

→Einteilung von Spielen

Gutes Spielzeug und Spielmaterial

Eine Frau zu einer Spielwarenverkäuferin: „Haben Sie nicht etwas für einen Jungen, er wird jetzt sieben Jahre und ist schon sehr weit für sein Alter!"

Die Bewertung von Spielmaterial für Gruppen und von Spielzeug ist ein wichtiger Bestandteil der Spielpädagogik. Die Bewertungskriterien sind entscheidend abhängig von den dahinterstehenden Spiel- und Erziehungstheorien. Das wird besonders offenbar bei der Bewertung von →Kriegsspielzeug.
Es gibt mehrere Versuche, allgemeingültige Beurteilungskataloge für Spielzeug und -material aufzustellen. Die am weitesten verbreitete Kriterienliste wurde vom Arbeitsausschuss Gutes Spielzeug (→Arbeitsgemeinschaften) erarbeitet, andere stammen von dem Psychologen Schüttler-Janikulla, von der Arbeitsgruppe Vorschulerziehung des Deutschen Jugendinstituts in München und vom Fortbildungsinstitut für die pädagogische Praxis Berlin. In einigen Punkten ergänzen sich diese verschiedenen Beurteilungshinweise, in einzelnen Punkten widersprechen sie sich auch.
Eine Zusammenfassung der wichtigsten Kriterien:
- Äussere Eigenschaften:
    Das Spielzeug sollte sicher, haltbar, ästhetisch überlegt gestaltet und preiswert sein!
    Nicht einig ist man sich bei den Meinungen zu Grösse, Menge und Material des Spielzeugs.
- Funktionale Eigenschaften:
    Das Spielzeug sollte nicht unbedingt dem Alter, sondern dem Entwicklungsstand (Fähigkeitsstand, Spielgewohnheiten) entsprechen.
    Die Spielinhalte müssen verständlich sein und *realistische* Lernmöglichkeiten bieten.

Das Spielen mit dem Material soll vielseitig, phantasiefördernd und kooperativ möglich sein.
U.B.

Literatur:
→Spielzeug

Handpuppe

→Figurentheater, →Puppenspiel

Hemmungen, Spielhemmungen

Hat ein Kind Hemmungen mitzuspielen, so mögen einer oder mehrere der folgenden Gründe vorliegen:
- Das Kind mag das vorgeschlagene Spiel nicht, hat lieber auf etwas anderes Lust.
- Das Kind ist überfordert, weil das Spiel zu hohe Anforderungen an seine Fähigkeiten stellt, z.B. an seine Phantasie, an seine Risikobereitschaft, an seine körperliche Leistungsfähigkeit.
- Das Kind mag die anderen Mitspieler nicht, fühlt sich in der Gruppe nicht wohl.
- Das Kind ist bestimmte Spielformen nicht gewöhnt, weil es nicht oft genug zu diesen Spielen durch andere Kinder, desinteressierte Eltern oder durch die verplante Umwelt angeregt wurde.

Einmalig oder selten auftretende Spielhemmungen sind in der Regel unproblematisch. Auf häufig vorkommende Spielhemmungen sollte der Spielleiter ermunternd und ggf. mit Nachfragen reagieren. Vorsicht: in der Gruppe

trauen sich Kinder oft nicht frei über ihre Hemmungen zu reden. →Angst beim Spielen.
U.B.

Herstellen von Spielen, Spielmaterial

Spiele und Spielzeug selbst bauen, zusammensuchen, herstellen und vielleicht sogar entwickeln verschafft den Spielern eine hohe Identifikation mit den angefertigten Materialien. Da bei der Herstellung oft Erwachsene mit einbezogen werden müssen, z.B. für die Bedienung von Hobbywerkmaschinen, erhalten gerade Väter und andere männliche Bezugspersonen einen leichten Einstieg ins Spiel ihrer Kinder. Über diesen Weg kann man auch sonst nicht sehr interessierte Väter für den Elternabend eines Kindergartens oder für Schul-Arbeitsgemeinschaften gewinnen.
Ratschläge zum Selberbauen stehen in zahllosen Büchern und Hobbyzeitschriften, in der →Zeitschrift 'spielen und lernen' und in der Beschreibung des 'Spiel- und Lernladens' (besonders für Vorschulkinder).
U.B.

Literatur:
Grunfeld, F.V.: Spiele der Welt. Herausgegeben vom Schweizerischen Komitee der UNICEF, Zürich 1979.
Alles, was man zum Selberbauen und Spielen von über 80 Spielen wissen muss: von Pachisi über Poch bis zur Seifenblasenlösung.
Calliess, E./Döpp, W./Kräussl, L./Luttermöller, E.: Spiel- und Lernladen für Vorschulkinder, 50 Vorschläge zum Selbermachen. Klett Verlag Stuttgart 1977.

Einrichtung eines 'Lernladens' und Herstellung von Experimentierspielen für Vorschulkinder, z.B. Werkstoffspiel, Gläsermuseum, Fundsachenspiel. Grosse eindrucksvolle Fotos.

Interaktionsspiele

Interaktionen sind wechselseitige Reaktionen zwischen Personen. Zunächst gibt eine Person einen Impuls, darauf reagiert die andere Person mit Gesten, Bewegung und Haltung. Interaktionsspiele sind demnach Spiele, die das wechselseitige Reagieren von Spielpartnern zum Inhalt haben.

Interaktionsspiele werden von →Kommunikationsspielen insofern unterschieden, als diese den Schwerpunkt auf sprachliche Äusserungen legen. Beide Spielformen treten fast immer gleichzeitig auf. Einige Spielpädagogen bezeichnen auch Spiele, bei denen eine Person auf Gegenstände reagiert, als Interaktionsspiele.

Interaktionsspiele können grob in fünf Bereiche eingeteilt werden:
1. Spiele zur Körper- und Raumerfahrung
2. Spiele zur Wahrnehmungsschulung (→Kim-Spiele)
3. Ausdrucksspiele →Bewegung und Haltung (→Darstellendes Spiel)
4. Empathie-Spiele, die das Einfühlen in Personen, Situationen und Gefühle zum Ziel haben
5. Kooperationsspiele

Charakteristisch für Interaktionsspiele ist, dass sie die komplexe zwischenmenschliche Interaktion auf wenige Elemente reduzieren: Allein diese Reduktion bringt ungewöhnliche, erstaunliche und oft auch spassbereitende Erlebnisse hervor. Beispiele sind: Blindübungen, Ver-

ständigung ohne Worte, Imitation von Gefühlen und Gesten, Konzentration auf Bewegung und Körperausdruck.
Der Lerneffekt bei Interaktionsspielen liegt auf drei Gebieten:
- Bewusstmachung von Gefühlen und Körpersignalen, die bei einer Begegnung oder Zusammenarbeit zwischen Menschen eine Rolle spielen.
- Förderung und Differenzierung der Wahrnehmungs- und Ausdrucksfähigkeiten.
- Aufklärung über Quellen unsachlicher Antipathie und Konfliktsituationen zwischen Partnern (in Zweierbeziehungen, Wohngruppen, in Schulklassen, Jugendgruppen und bei Arbeitskollegen).

Interaktionsspiele sind bei der Theaterpädagogik von grosser Bedeutung, da die Teilnehmer in den Spielen ihre Ausdrucksmöglichkeiten erfahren, intensivieren und erweitern können. Interaktionsspiele sind eine sinnvolle Voraussetzung für →Rollenspiele.
Kritische Anmerkungen:
Interaktionsspiele sollten nicht willkürlich, untergeordnet hintereinander gespielt werden. Wichtig ist ein Aufbau, von leichteren Spielen bis hin zu intensiven Spielen.
Bernhard Pacho/U.B.

Literatur:
Höper, C.-J. u.a.: Die spielende Gruppe. 115 Vorschläge für soziales Lernen in Gruppen. Jugenddienstverlag Wuppertal 1974
Sammlung der wichtigsten Spiele, mit denen Kommunikationsprozesse in Gruppen bewusst gemacht werden können: Spiele zu den Bereichen Vorstellung und Kennenlernen, Kommunikation und Gruppenbildung, Beobachtung und Wahrnehmung, Indentifikation und Einfühlung, Aggression und Durchsetzung.

nederlands centrum voor amateurtoneel (nca), zandpad 28, maarsen/NL 1973/1975, Hrsg.: nca-Materialien 1-3
Eine ausführliche Sammlung von Interaktionsspielen. Überwiegend aus der Tradition des holländischen Trainings für Amateurtheatergruppen. Deshalb viele Spiele und Übungen zur Körpererfahrung und Ausdrucksschulung. Die Methoden erfordern meistens eine konzentrierte Gruppe in ruhiger Atmosphäre mit freundlich ausgestatteten Räumen.

Coburn-Staege, U.: Lernen durch Rollenspiel. Fischer 1977

Vopel, K.W.: Interaktionsspiele Heft 1-6. ISKO-Verlag Hamburg
Alle Teile umfassen ca. 150 Kommunikationsübungen zu den Bereichen: Angstabbau, Wahrnehmung, Aktivierung, Vertrauen, Beziehungserklärung, Umgang mit Macht und Konkurrenz, Kooperation. Alle Übungen sind mit wortwörtlichen Anweisungen des Spielleiters beschrieben.

Vopel, K.W.: Interaktionsspiele für Kinder Teil 1-4. ISKO-Verlag Hamburg
Interaktionsspiele für 8-12jährige Kinder: eine Vielzahl neu entwickelter Übungen zu den Themenbereichen: Kontakt und Wahrnehmung; Schule-Einfluss-Zusammenarbeit. Jedes Spiel wird mit den wörtlichen Anweisungen des Spielleiters erklärt.

Jugendliche und Spiel

Die Beziehung von Jugendlichen zu Gruppenspielen (nicht Sportspiele und Spielautomaten!) ist in zweierlei Hinsicht oft schwierig:

Jugendliche und Spiel

Erstens orientieren sich Jugendliche in ihrem Verhalten am Handeln Gleichaltriger und an als Vorbild akzeptierten Erwachsenen. Verbreitet ist unter Erwachsenen freilich die Ansicht, dass man als Erwachsener 'nicht mehr spielt', das sei ja nur was für Kinder. Diese Einstellung übernehmen insbesondere männliche Jugendliche, die sich sonst nicht genügend ernstgenommen fühlen. Und

das hat wiederum mit der verbreiteten Ansicht zu tun, dass Spiel nichts Ernstes und damit etwas weniger Wertvolles sei.
Zweitens befinden sich Jugendliche in einer Unsicherheitsphase. Die Verhaltensorientierungen wechseln, das Normgefüge verändert sich, und Spiel ist keine günstige Tätigkeit für unsichere Menschen, weil man z.B. dabei souverän mit Körperkontakten umgehen müsste, weil man stark beobachtet wird, weil die Regeln bei vielen Spielen zuviel offen lassen.
Diese aufgezeigten Schwierigkeiten haben Jugendliche vor allem dann, wenn es sich um unkonventionelle Spiele und offene Gruppensituation handelt, wo nicht jeder jeden kennt.
Diese 'Motivation' im Jugendalter muss ein Spielpädagoge berücksichtigen und Jugendlichen entsprechende Brücken für den Zugang auch zu nicht so bekannten Spielen wie Skat, Fussball und Flippern ermöglichen. Geschlossene, feste Jugendgruppen wagen sich eher an ungewöhnliche Spiele. Der Spielleiter muss durch eine sinnvolle Reihenfolge die →Angst in der Gruppe abbauen und sollte Situationen bevorzugen, in denen es Jugendliche gewöhnt sind zu spielen (Feste, Klassenfahrten, Zeltlager usw.) (→Spielleiterverhalten).
U.B.

Kartei, Spielkartei

Wenn Sie jemand fragt: „Sag mal, weisst du nicht ein gutes Bewegungsspiel für eine grosse Kindergruppe, es sind so 35 Schulkinder, um die 10 Jahre alt ..." Ehrlich, wieviel Spiele fallen Ihnen dann spontan ohne Bücher zu wälzen ein? Drei oder zehn oder sogar fünfzehn? Es gibt ja Men-

schen mit dem Langzeitgedächtnis für Spiele von der Kapazität eines Kleincomputers. Die brauchen keine Spielkartei. Ich jedenfalls brauche eine.

Es gibt die alte Schwalbacher Spielkartei, die fast in jedem Kindergarten steht, einige kennen die traditionellen Karteien aus dem Berner Blaukreuz-Verlag, und recht verbreitet sind auch schon die neueren Karteien von Wolfgang Künnes Verlag für gruppenpädagogische Literatur. Spielkarteien haben ja gegenüber →Spielsammlungen in Buchform den unschätzbaren Vorzug, dass man die einzelnen Spiele heraussuchen kann und sich für eine Spielstunde in eine bestimmte Reihenfolge zurechtlegen kann. Und der Spielpädagoge kann sich eigene Karteikarten ergänzen und Varianten auf die Karten schreiben, mit denen er Erfolg in der Gruppe hatte.

Ergänzt man nur eine gekaufte Kartei, so ist man an deren Gliederungsprinzip gebunden. Die meisten Karteien gliedern ihre Spiele nach Spielformen, z.B. Darstellungsspiele, Bewegungsspiele usw. Auf den Karten finden wir dann noch andere Merkmale des Spiels in Form von mehr oder weniger leicht zu entschlüsselnden Zeichen und Symbolen (Mannschaftsspiel oder Kreisspiel; Spiel für drinnen oder ein Spiel für draussen usw.).

Baut ein Spielpädagoge sich eine Kartei selbst auf, dann hat das zwei Vorteile: Einerseits kann er die Kartei so gliedern, wie es für die Gruppen, mit denen er meistens zu tun hat, am nützlichsten ist, und andererseits übt er beim Abfassen einer kurzen Spielbeschreibung die klare und knappe Erklärung von Spielregeln. Und was man mal notiert hat, vergisst man in der Regel weniger.

Für alle, die Lust haben, sich eine eigene Kartei aufzubauen, hier ein Vorschlag:

Ich nehme keine üblichen Karteikarten, sondern die ABC-Leitkarten aus Plastik, weil sie nicht so leicht knik-

Kartei, Spielkartei

ken und unverwüstlich sind. Ich wähle das Format DIN A 7 quer: für die Spielbeschreibungen hat das bisher stets ausgereicht und diese Grösse kann man prima in die Hosen- oder Hemdentasche stecken! Die kleinen ABC-Reiter muss man natürlich abschneiden und man beschriftet die Plastikkarten mit einem wasserfesten Permanent-Filzstift ('fein'), der z.B. für das Beschriften von Overheadfolien oder Dias in jedem Kaufhaus angeboten wird. Die Karten werden im 25er-Pack verkauft für ca. 5.50 DM, also jedes Kärtchen kostet ca. 22 Pfg. Es gibt die Karten in verschiedenen Farben, so dass hierdurch bereits eine sehr augenfällige Gliederung erreicht wird.
Ich teile meine Spiele vor allem nach Zielen ein (→Einteilung von Spielen).
Wer sehr oft mit verschiedenen Gruppen spielt, für den ist vielleicht ein raffiniertes Spielauswahlsystem nützlich, das sich ohne grosse Mehrarbeit mit diesen Plastikkarten realisieren lässt:
An allen Seiten der Karten werden Löcher (etwa 5 mm vom Rand entfernt) gebohrt. Diese Löcher erhalten Merkmalsbedeutungen. Wenn ein Merkmal auf das Spiel dieser Karte zutrifft, so wird das Loch zum Rand hin ausgeschnitten. Auf ein Spiel treffen fast immer mehrere Merkmale zu, z.B. kann es gleichzeitig ein Spiel für Grossgruppen sein, der Unterhaltung dienen, zu Körperkontakten führen und ein Bewegungsspiel sein. Alle diese Merkmalslöcher würde man diesem Fall zum Rand hin ausschneiden, so dass dort Einkerbungen entstehen.
Wenn ich jetzt ein Spiel mit einem bestimmten Merkmal in dieser Kartei suche, so brauche ich nicht die ganze Karte daraufhin durchzusehen, sondern nur mit einer augebogenen Büroklammer o.ä. in das Merkmalloch stechen, schütteln und schon fallen aus dem Karteienstapel alle Spiele heraus, bei denen dieses Merkmalloch geschlitzt ist, auf die also dieses Merkmal zutrifft. Will ich noch eine ge-

nauere Auswahl treffen, dann kann ich die herausgefallenen Karteikarten übereinanderlegen und nochmal genauso nach einem anderen Merkmal herausschütteln.
Sehr praktisch ist dabei, dass ich die Karten niemals in eine bestimmte Reihenfolge wieder bringen muss, egal wie ich sie später wieder zusammenlege, das Auswahlverfahren ist immer möglich.

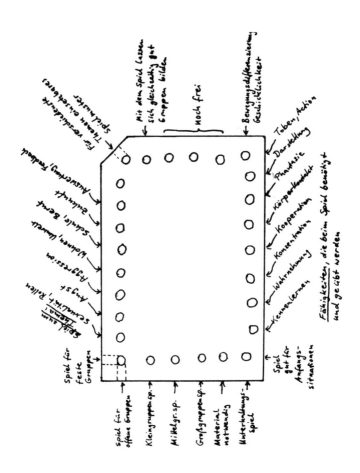

Beispiel für die Bedeutung der Löcher bei einer Spiele-Lochkartei. Auf der Karte selbst stehen dann noch Spielname, Dauer, Form und Typ und eine kurze Beschreibung. Hinten drauf die benötigten Materialien.

Kartenspiele

Kartenspiele haben als unterhaltende Beschäftigung eine jahrhundertealte Tradition. Zu einem kleineren Teil sind es →Glücksspiele, überwiegend aber handelt es sich um Spiele, bei denen ein verschieden starker Einfluss auf das Gewinnen durch Ausspielen bestimmter Karten in bestimmter Reihenfolge genommen werden kann. Unter Jugendlichen ist in der BRD Skatspielen am verbreitetsten.
Es gibt massive Bestrebungen, Skat-Arbeitsgemeinschaften, besonders an Berufsschulen als 'Teil einer präventiven Jugendarbeit' pädagogisch zu fördern.
U.B.

Literatur:
Neven, H.: Skat in der Jugendarbeit. Aachen 1979
(Bezug: LAG Jugendarbeit an berufsbildenden Schulen in NW, Lothringer Strasse 10, D-5100 Aachen)

Kennenlernspiele

Wenn ich ehrlich bin: Also für mich ist zu Beginn einer Tagung alles andere interessanter als das Thema selbst: Wer ist noch da? Woher kommen die anderen? Was ist das für ein Typ, mit dem ich das Zimmer teile? Wann gibt es

Kennenlernspiele

hier was zu essen? Was hat der Referent für eine Art zu reden? Warum guckt mich die Frau da drüben so kühl an? Sind die da rechts eine Clique? Werden die mich akzeptieren? ...

Wenn sich Menschen, die sich vorher noch nicht getroffen haben, das erste Mal begegnen, stehen eine Vielzahl von Unklarheiten, Ängsten, Unsicherheiten, Orientierungswünschen, spontanen Einschätzungen der anderen im Raum. Da braucht noch keiner ein Wort gesprochen zu haben. Das ist bei einer neuen Schulklasse so, auf einem Seminar, bei einer internationalen Jugendbewegung, überall stehen zunächst Kennenlernprobleme an.

Eine neue Gruppe benötigt untereinander zahlreiche Informationen und Erfahrungen, um halbwegs angstfrei miteinander arbeiten oder die Freizeit geniessen zu können:

Informationen über Eigenschaften und Hintergrund/Herkunft der Teilnehmer; eine Einschätzung über das Verhältnis zueinander; Erfahrungen, wie man mit den anderen umgehen kann; Informationen über die Gefühle und Erwartungen zum Thema und zum Ablauf; Kenntnisse über die Weltanschauung und soziale Position.

Wenn ich als Gruppenmitglied zu diesen Informationen komme, dann kann ich mich leichter den anderen zuordnen, erlebe sie weniger als Bedrohung und kann mich in der Gruppe orientieren. Erhalte ich diese Informationen erst, wenn bereits wichtige Entscheidungen (z.B. Bildung von Untergruppen) gefallen sind oder erst bei der konkreten Zusammenarbeit, dann wird diese erheblich behindert und verzögert, weil erstmal so viele nicht sachbezogene Klärungsprozesse im Mittelpunkt meines Interesses stehen.

Kennenlernspiele können diesen Informations- und Orientierungsprozess abkürzen, erleichtern und in ent-

spannter Atmosphäre bewältigen helfen. Dabei ist folgende Reihenfolge im allgemeinen recht nützlich:
1. Namenkennenlernspiele;
2. Spiele mit häufigem, schnellem und simultanem Bewegungskontakt (Kinder, jüngere Jugendliche) oder sprachlichem Kontakt (ältere Jugendliche und eher konventionelle Verfahren gewöhnte Erwachsene);
3. Informationsaustausch-Spiele in Kleingruppen mit längerem Kontakt oder kleine, als harmlos empfundene Kooperationsaufgaben in Kleingruppen;
4. Spielerisches Verfahren zum Zusammentragen und Austausch von Erwartungen und Meinungen zum Thema;
5. Abschluss des Einstiegsblocks mit einem gemeinsamen Regelspiel, das keinerlei Ausscheidungs- oder Wettbewerbselemente enthalten darf.

Daran anschliessend können Entscheidungen über die Inhalte und die Organisation einer Tagung getroffen werden: sie werden engagierter, motivierter und von den meisten selbstsicherer besprochen werden.

Kritische Anmerkung:
Es gibt Zusammenkünfte traditionell eingestellter Menschen, die durch Kennenlernspiele eher noch verunsicherter werden und es wäre widersinnig, deren Abwehrmechanismen zu ignorieren.

Kennenlernspiele sind ausserdem keine Garantie dafür, dass eine Tagung weiterhin friedvoll und ohne Kooperationsprobleme abläuft.

U.B.

Literatur:
Baer, U.: Kennenlernspiele – Einstiegsmethoden. Remscheid 1977
(Bezugsmöglichkeit: →Materialien)
Fritz, J.: Methoden des sozialen Lernens. München 1977

Kim-Spiele, Wahrnehmungsspiele

Kim lernt einen indischen Händler kennen, der ihm und dessen Sohn ein Tablett mit Juwelen zeigt. Nachdem die beiden einen kurzen Blick auf die Edelsteine geworfen haben, stellt der Händler das Tablett weg und fordert seine beiden Zuschauer auf, die Juwelen aufzuzählen und zu beschreiben. Kim muss feststellen, dass der Sohn des Händlers die Steine viel genauer beschreiben kann ...
So geschehen in Rudyard Kiplings Djungelbuch. Kim-Spiele haben von dieser Szene in dem beliebten Kinderbuch ihren Namen erhalten.

Kim-Spiele sind Wahrnehmungs- und Gedächtnisspiele. Auch 'Memory' ist genaugenommen ein Kim-Spiel. Allerdings geht es bei der Wahrnehmung nicht nur um das Sehen, auch die anderen Sinne können dabei beansprucht und trainiert werden: tasten, hören, riechen. Man muss sich bei Kim-Spielen gut merken, was man gesehen oder errochen hat und es dann anschliessend aufzählen. Dabei darf natürlich auch geschätzt und geraten werden.
Einige besonders raffinierte Kim-Spiele:
In eine grosse Einkaufstüte werden verschiedene kleine Gegenstände hineingelegt, darunter zwei, die überhaupt nicht zu den anderen passen: lauter Obst und Gemüse und dazu eine Holzkugel und eine Kerze. Nun sollen nicht nur die Früchte richtig genannt werden, sondern auch das, was nicht dazugehört.
Zwei Spieler stellen sich mit ein paar Schritten Abstand gegenüber. Dann dreht sich einer um und währenddessen verändert der andere etwas an seiner Kleidung, macht z.B. einen Hemdknopf mehr auf oder legt die Uhr ab. Hat er was an sich verändert, ruft er 'Fertig', der andere dreht sich zurück und soll nun herausfinden, was verändert wurde. Danach ist der andere dran. Dies Spiel kann

Kim-Spiele, Wahrnehmungsspiele

man auch noch schwieriger machen: Statt einer Sache werden gleich drei verändert. Oder: Statt Teile der Kleidung zu verändern, wird eine bestimmte Steh- oder Sitzhaltung eingenommen und die einwenig abgeändert.

Für einen Kindergeburtstag kennen wir ein besonders leckeres Kim-Spiel:

In ein Wasserglas werden Schoko-Linsen (Smarties o.ä.) gefüllt und alle sollen schätzen, wieviele es wohl sind. Dann werden alle Linsen auf den Wohnzimmertisch gekippt und gezählt. Der Spieler, der der Zahl am nächsten kam, bekommt zehn Linsen mehr, der Rest wird gleichmässig verteilt.

Für eine Erwachsenen-Fete könnten statt der Schoko-Linsen vielleicht etwas attraktivere Kleinigkeiten gewählt werden z.B. Weinbrand-Kirschen.

Von der Party bis zum Sensibilisierungstraining in der Vorschule lassen sich viele Kim-Spiele leicht selbst erfinden und ohne grosse Umstände improvisieren. Geräusche raten; Zwiebel-Ei-Käse-Schuhe riechen; Personen mit verbundenen Augen ertasten ...

Ein nützlicher Tip:

Wenn in einer Spielrunde mehrere Kim-Spiele hintereinander gespielt werden, dann sollten verschiedene Sinnesorgane angesprochen werden, damit nich immer nur dieselben, auf diesem einen Gebiet gerade starken Spieler, gewinnen.

Und: Bei Preisen sollte der Spielleiter auch mal einen Mitmachpreis für alle bereithalten, damit die spannenden Kim-Spiele nicht zu einem erbitterten Wettkampf ausarten.

U.B.

Kindergarten und Spiel

Obwohl Spielpädagogik in der Ausbildung von Erzieher/innen zu einem zu geringen Teil vorkommt, ist im Kindergarten eine der wichtigsten Beschäftigungen der Kinder das Spiel – neben basteln, singen, Ausflüge, kochen usw. Beim →Freispiel bleiben die Kinder sich selbst und den Spielmaterialien überlassen, in anderen Spielsituationen werden sie angeleitet, werden Bewegungsspiele, rhythmische Spiele, Interaktions- und Regelspiele organisiert. Arbeitet der Kindergarten nach einem Projekt- bzw. Situations-Konzept, dann ist Spiel eine mit anderen Medien integrierte Methode zur Beschäftigung mit einem bestimmten Thema. Diese nicht stundenplanmässig verordnete Form des Spielens ergibt für die Kinder ein natürliches ganzheitliches Lernen.
(→Didaktik der Spielerziehung; →Vorschulerziehung und Spiel; →Didaktisches Spielmaterial)
U.B.

Literatur:
Götte, R.: Sprache und Spiel im Kindergarten. Beltz Verlag Weinheim 1980

Ein ausgezeichnetes Handbuch zur Sprach- und Spielförderung mit über 500 methodischen Vorschlägen nach Wochenthemen gegliedert, an die man sich natürlich nicht schematisch halten muss. Zu den Themen gibt es neben Spielvorschlägen auch Tips für andere Aktionsmöglichkeiten: zum Singen, Erzählen, Basteln, Turnen – immer passend zum Thema und zur Förderung von Sprach- und Sozialverhalten der Kinder.

Kinderkulturarbeit

Laienspielgruppen treten auf; es findet ein Luftballonwettbewerb statt; eine Zauberschau kann besucht werden; Folklore und Kinderballett laden ein; Spezi-Stände mit internationalen Leckereien; grosse Kinderspiele für alle ...
(aus dem Programm des Internationalen Kinderfestes während der Kinder-Kultur-Woche in Hanau 1979)

Zum Jahr des Kindes 1979 wurden viele Kinderkulturwochen in zahlreichen Städten und Gemeinden der BRD durchgeführt, bei manchen ein erster Anstoss zu einer kontinuierlichen Kinderkulturarbeit.
Mehrere Jugendmusikschulen im Bundesland Nordrhein-Westfalen der BRD haben sich zu sog. Jugendkunstschulen ausgeweitet und verändert. Sie bieten nicht nur Musik- und Instrumentenkurse, sondern Kurse und offene Veranstaltungen multimedial mit Spiel, Musik, Tanz, Foto, Werken usw. an.
Mit über einem Dutzend Schulträgern wurde vor Jahren der Modellversuch 'Künstler und Schüler' begonnen, der Schauspieler in die Schulen brachte, die dann dort mit Schülern Interaktionsspiele, Theaterspiel und verschiedene Spielaktionen durchführten.
Alle drei Beispiele haben ein ähnliches Konzept: kulturelle Defizite bei Kindern abzubauen. Spiel hat dabei eine wichtige, weil andere Medien integrierende Bedeutung.
Die Ziele dieser Kinderkulturarbeit:
- Kinder sollen lernen, sich aktiv mit kulturellen Medien die Umwelt anzueignen.
- Kulturelle Betätigung soll nicht nur unter leistungs- oder produktfixierten Vorzeichen erfahren werden.
- Die eigene kulturelle Tätigkeit der Kinder wird der reinen Kulturrezeption in traditionellen Institutionen vorgezogen.

● Kultur soll allen, gerade auch den unterprivilegierten Kindern erschlossen werden.
U.B.

Literatur (mit vielen Vorschlägen):
Kolland, D./Pacho, B./Wolf, E.: Stadtentdeckungsreise und Musikbaumgerassel. Regensburg 1981

Kinder, Spiel und die Erwachsenen

Mutter backt Kuchen. Das ist Realität. Anita backt Kuchen. Aber im Sandkasten. Das ist Spiel. Spiel-Realität.

Das Kind setzt sich im Spiel mit der Umwelt auseinander, beweist sich seine eigene Leistungsfähigkeit, stellt sich neuen Dingen, lernt und übt Einstellungen und Haltungen. *Spiel = Arbeit = Freizeit = Leben = Lust am Tätigsein in freiwilliger Form*, im Wechsel zwischen Spannung und Entspannung.

Wir wissen, dass Kinder spielen müssen und akzeptieren auch, dass Spiel auf bestimmten Stufen der Entwicklung der Hauptinhalt ihres Lebens ist. Spielverhalten wird somit herkömmlich als eine kindliche Lebensform angesehen, die eben mit der Kindheit verschwindet.

Erwachsene spielen allenfalls zur Entspannung, Erholung von ihrem 'eigentlichen' Leben. Sie spielen streng reglementierte Spiele, die die Sicherheit bieten, dass nichts Aussergewöhnliches passiert. Ihre grössten Gesellschaftsspiele funktionieren allerdings ohne Spielbrett- oder buch. Die Ehe- und Partyspiele, die 'Politisch-informiert-sein' und 'In-sein'-Spiele haben ebenso wie bei den Kindern etwas mit konkreter Lebensbewältigung zu tun.

Trotzdem unterscheiden sie sich und bieten von daher Anlass zu Konflikten im erzieherischen Feld:
– Kinderspiele dienen in ihrer ursprünglichen Form keinem konkreten Ziel, sie scheinen, aus Sicht der Erwachsenen sinnlos, ohne Regeln, Struktur und Ordnung – also sind sie nicht so wichtig.
– Kinder legitimieren ihre Spiele nicht, wogegen Erwachsene ihre Spiele oft erklären, als psychologisch notwendig erläutern und entschuldigend legitimieren – somit bleibt wenig Verständnis für die Art des kindlichen Spiels, eine Abwertung erfolgt rasch.
Edeltrud Freitag-Becker

'Klamauk'-Spiele

Opa (gespielt von Stephan, 11 Jahre) klingelt an der Wohnungstür. Mutter (Sabine, 10 J.) öffnet und wundert sich lautstark darüber, dass Opa nicht allein zum sonntäglichen Kaffeetrinken gekommen ist. Opa hat seine neue Freundin mitgebracht: das gibt ein Spektakel in der Familie! Dem Vater fällt die Tasse aus der Hand, die Tochter fragt: „Wieso soll er nicht?" und die Tante geht mit dem Schirm auf den Opa los ...

'Klamauk'-Spiele sind kleine spontan inszenierte Stegreifspiele, bei denen es hoch hergeht: alle Darsteller dürfen masslos übertreiben, das Spiel darf im Tumult enden und es kann ein blöder Witz nach dem anderen kommen. Wichtig aber ist, dass die Kinder Rollen spielen, sich in eine kurze Szenenvorgabe hineinfinden und sich freispielen, ihrer Phantasie freien Lauf lassen.
'Klamauk'-Spiele sind eine Bezeichnung von Hoffmanns Comic Teater in ihrem Rollenspielbuch für Spiele, mit

denen Kinder zum Rollen- und Theaterspiel hingeführt werden können.
Einige weitere Szenenvorschläge:
- *Der Fernseher geht mitten im Krimi kaputt.*
- *Mutter kommt betrunken von einem Skatabend nach Hause.*
- *Vater will nicht zur Arbeit gehen und stellt sich krank, was aber von der Familie durchschaut wird.*
- *Ein Mann belästigt eine Frau in der Eisenbahn. Zwei weitere Frauen kommen hinzu.*

Zum Gelingen der 'Klamauk'-Spiele gehört die witzige Überzeichnung der Rollen, der Gag in der Anlage der Szene und die turbulenten Einfälle der Spieler, mitunter auch das Anfeuern durch die Zuschauer. Kleine Requisiten und Verkleidungen können den Spielspass erhöhen und den Mut zum Vorspielen stärken.
U.B.

Literatur:
Hoffmanns Comic Teater: Will dein Chef von dir mal Feuer. Rollenspiele. Berlin 1974

Kommunikationsspiele

Die Gruppe sitzt wie in einer Sportriege hintereinander auf dem Fussboden. Der erste und der hinterste Spieler haben Blätter neben sich liegen und krakeln ab und zu merkwürdige Zeichen darauf. Was ist das für ein Spiel? Es ist 'Stille Post', aber mit Malen statt mit Flüstern. Der letzte Spieler in der Schlange denkt sich ein Zeichen aus oder eine einfache Skizze, vielleicht sogar sowas kompliziertes wie einen Namen oder einen Weihnachtsbaum. Mit einem Finger malt er dieses Zeichen seinem Vordermann

Kommunikationsspiele

auf den Rücken. Der gibt das Zeichen wieder mit Rückenmalerei weiter nach vorn, bis der vorderste Spieler das, was bei ihm angekommen ist, aufs Papier bringt. Der letzte Spieler hatte zur Kontrolle sein abgesandtes Zeichen auch auf sein Papier gemalt. Unter grossem Gelächter wird verglichen und erstaunt festgestellt, dass aus dem Weihnachtsbaum ein unförmiges, nicht sehr seetüchtiges Segelboot geworden ist.

Kommunikationsspiele simulieren den Austausch von Informationen zwischen Menschen und üben auf lustige Weise die sprachlichen und nicht-sprachlichen Ausdrucksfähigkeiten sowie die Wahrnehmungsfähigkeit. Neben der Übung können mit Kommunikationsspielen auch verschiedene Phänomene bewusst gemacht werden:
Was ist selektive Wahrnehmung?
Was bedeutet die Körpersprache für die Kommunikation?
Wie funktioniert die Kommunikation in Gruppen und zwischen Chef und Angestellten, Lehrer und Schüler?
Kommunikationsdefizite und -defekte können in einem Kommunikationstraining für Paare und Gruppen mit spielerischen Übungen erfahrbar gemacht werden, weil Spiele eine komplexe Wirklichkeit reduzieren und durch ihre 'Als-ob'-Annahme die Aufmerksamkeit und kritische Distanz zu sich selbst erhöht werden. Auch Streiten, Durchsetzen, Entscheiden und Diskutieren kann mit Kommunikationsspielen gelernt werden. Genauso wie die Kommunikation (Bedeutungen mitteilen und empfangen) ein Teil der Interaktion (Beziehungsprozess) ist, so sind Kommunikationsspiele eine Spezialform von Interaktionsspielen.

Ein sehr aufklärendes Kommunikationsspiel für Arbeitsgruppen von Schülern ist folgendes:
Die Gruppe kommt nicht richtig voran, jeder macht die

Idee des anderen kaputt. Der Gruppenleiter bittet ein Gruppenmitglied mit ihm schnell mal ein kurzes Rollenspiel zu machen, er brauche dabei nur seinen eben geäusserten Vorschlag wiederholen. Auf jeden Satz des Mitspielers reagiert der Gruppenleiter nun mit einer 'Killerphrase', eine Formel, die nur verallgemeinerte Einwände vorbringt und damit dem anderen völlig den Mut nimmt: „Das haben wir hier noch nie gemacht!" „Also so kann das gar nicht klappen!" „Denk erstmal nach, bevor du solchen Quatsch vorschlägst!" Der Gruppe werden durch dieses Spiel Teile ihres Kommunikationsprozesses überdeutlich präsentiert und dadurch bewusst.

Kommunikationsspiele und -trainings sind kein Allheilmittel gegen Partnerschafts- oder Gruppenkonflikte, denn deren Ursache sind oft Interessen- und Bedürfniskonflikte und nicht in Kommunikationsstörungen zu suchen.

(→Wortspiele, →Sprechspiele).
U.B.

Literatur:
→Interaktionsspiele

Konfliktspiele

Konfliktspiele versuchen vorerst Konflikte oder Teile eines bestimmten Konfliktes mit Hilfe verschiedener Spielformen, z.B. Rollenspiel, auf einer 'spielerischen' Ebene darzustellen.

Konfliktspiele können keine Konflikte lösen. Sie können aber dazu beitragen, das 'Konflikt-Bewusstsein' und das eigene Verhalten als wichtige Voraussetzung für das Akzeptieren *und* Angehen eines Konfliktes zu verbessern.

Konkurrenz im Spiel

Konfliktspiele sind methodisch geeignet, folgende Ziele anzugehen:
- Konflikte oder Aspekte eines Konfliktes transparenter und bewusster zu machen,
- Strategien zur Konfliktlösung zu erproben,
- Solidarisches und gewaltfreies Agieren in kritischen Situationen zu trainieren.

Besonders wichtig bei diesen Spielen ist die anschliessende Reflexion vom Spielgeschehen, dem eigenen Verhalten, von Macht- und Ohnmachtsgefühlen und Machtstrukturen. Nur so ist es möglich im 'Alltag' die erprobten Verhaltensweisen wirksam werden zu lassen (→Friedenserziehung, →Planspiel).

Peter Grossniklaus

Konkurrenz im Spiel

Im Spiel bestimmen die Spielregel und die Materialien, wie sich die Mitspieler zueinander verhalten. Erfolgen die Aktionen der Spieler einzeln gegeneinander, wird ein ständiger Leistungsvergleich zwischen den Spielern vollzogen und bedeutet der Leistungsstand am Ende des Spiels für einen Spieler den Sieg und für andere Misserfolg (weil alle auf Sieg abzielten), dann spricht man von einem Konkurrenzspiel.

Beispiel für Konkurrenzspiele: Die Reise nach Jerusalem, traditionell gespielt.
Im Kreis werden Stühle mit der Sitzfläche nach aussen aufgestellt (einer weniger als Spielerzahl). Spieler laufen bei Musik um den Stuhlkreis. Bei Musikstop muss jeder einen Stuhl besetzen (drängt dabei andere weg) und der Spieler der übrigbleibt, scheidet aus. Nun wird wieder ein Stuhl weggenommen und die nächste Runde mit Musik

Konkurrenz im Spiel

beginnt ... usw. bis einer als Sieger übrigbleibt. Das ist der reaktionsschnellste und am besten andere wegdrängende Spieler!

Zu Konkurrenzspielen zählen also viele Regelspiele und fast alle →Brettspiele. Über den Stellenwert dieser Spiele sind die Auffassungen unter Spielpädagogen geteilt, ihre Meinung hängt mit ihrer Weltanschauung und ihrem pädagogischen Konzept, auch mit der von ihnen vertretenen →Spieltheorie zusammen. Wir wollen die Hauptargumente hier gegeneinanderstellen:

Befürworter von Konkurrenzspielen:

Beim Konkurrenzspiel 'gewinnen' entweder beide oder beide verlieren, weil Spass und Spannung das gemeinsame Ziel beider Spieler ist. Konkurrenzspiele fordern Wettbewerbsverhalten, um partnerschaftliche Ziele zu erreichen.

Das Hammer-Duell!
Reaktionsschnelligkeit ist alles bei diesem Spiel für zwei. Wer nicht aufpaßt, hat die erste Beule.

Konkurrenz im Spiel

Kritiker der Konkurrenzspiele:
Spannung wird zweifellos beim gemeinsamen Spiel durch die Hoffnung, vielleicht zu gewinnen, erhöht. Jeder Spieler hat das gleiche, aber kein partnerschaftliches Ziel, denn das ist ja nur auf Kosten des anderen zu erreichen. Die 'Gemeinsamkeit' beruht auf dem jeweils höchst egoistischen Kampf um den Sieg. Das ist dieselbe 'Gemeinsamkeit' wie sie Box'partner' im Ring haben oder Kriegsgegner.

Befürworter von Konkurrenzspielen:
Im geregelten Wettbewerb mit Gleichaltrigen bearbeiten die Kinder nach psychoanalytischer Sicht die Ängste, die durch die Konfrontation mit den immer überlegenen Erwachsenen entstehen.

Kritiker der Konkurrenzspiele:
Wie sieht eigentlich die Bearbeitung für diejenigen Kinder aus, die im Wettkampf verlieren? Also nur eine 'Bearbeitungschance' für die Sieger?

Befürworter von Konkurrenzspielen:
Kinder müssen sich darauf vorbereiten, dass sie im Leben nicht mit Samthandschuhen angefasst werden und in der Schule und am Arbeitsplatz auch in Konkurrenzsituationen kommen. Ausserdem müssen Kinder auch das Verlieren lernen.

Kritiker der Konkurrenzspiele:
Kinder erleben in dieser Gesellschaft genügend Situationen, in denen sie ihre Durchsetzungsfähigkeiten üben können. Wenn Pädagogen auf das Leben der Kinder Einwirkungsmöglichkeiten haben, dann sollten sie diese nutzen für eine Erziehung zu dringend benötigtem Verständnis, Toleranz, Gewaltfreiheit, Freundschaft/Solidarität und Kooperation.

Es kann beobachtet werden, dass Konkurrenzspiele (vor allem bei Brettspielen) mehr Spass als kooperative Spiele machen, und wenn man dies 'wertfrei' als wichtigstes

Konkurrenz im Spiel

Kriterium für ein gutes Spiel erklärt, muss man sich fragen, auf wessen Kosten die Spannung und der Spass gehen: nämlich auf Kosten des Verlierers. Verliert der öfter, macht ihm das Spiel (und vielleicht Spielen?) bald keinen Spass mehr, er verliert auch ein Stück Selbstvertrauen.
Wir kritisieren hier nicht Konkurrenzspiele ohne einige Hinweise zu ihrer Veränderung vorzuschlagen:
1. Kinder sind Wettkampfspiele gewöhnt und wenn man nicht umhin kommt, welche zu machen, dann sollte man wenigstens Punkte nicht über längere Zeit sammeln, sondern ständig zwischen den Spielen eine kleine verulkte Siegerehrung veranstalten.
2. Gruppierungen möglichst oft wechseln, die Art der Spieleanforderungen variieren, damit immer wieder andere die Chance haben zu siegen. Und ausscheidende Spieler sofort schnell wieder mithineinnehmen.
3. Nicht durch marktschreierische Ansagen oder Preise nur für die Sieger die Wettkampfstimmung anheizen!
4. Viele, besonders Bewegungsspiele mit Wettkampfcharakter lassen sich ganz einfach so verändern, dass zumindest die Spielregel auftretende Leistungswettbewerbe nicht erfordert und fördert (→Veränderung von Spielen, →Erfinden und verändern).
→Brettspiele mit kooperativen Elementen sind nur sehr wenige bisher von den Spielherstellern entwickelt worden. Hinweise gibt der Robin-Hood-Versand (→Materialien).
U.B.

Literatur:
Abresch, J.: Konkurrenz im Spiel – Spiel ohne Konkurrenz. Buseck 1980
Kontroverse Ansichten in verschiedenen Beiträgen der → Zeitschrift 'Spielmittel'.

Kontaktadressen

→Beratungsstellen; →Arbeitsgemeinschaften; →Materialien zur Spielpädagogik; → Spielpädagogik in der Schweiz; →Zeitschriften.

Kooperationsspiele

Spiele, bei denen es nicht um den Wettkampf geht, um die Leistungsbestätigung, der bessere zu sein, sondern bei denen Zusammenarbeit erforderlich ist und das Spiel nur durch gemeinsames (nicht entgegengesetztes) Handeln aufrechterhalten werden kann.
Auch bei Kooperationsspielen können die Spieler u.U. ihre Leistung untereinander vergleichen und bewerten, auch bei Kooperationsspielen kann Streit und unsolidarisches Handeln entstehen, d.h. auch Kooperationsspiele sind keine Garantie für friedliches Zusammenspiel, für kooperatives Verhalten der Spieler. Aber die Spielregeln von Kooperationsspielen verlangen und fördern kein destruktives, gegen den Mitspieler gerichtetes Verhalten! Sie können dennoch Spass machen und Spannung beinhalten. Das beweisen zahlreiche Bewegungs- und Körperkontaktspiele (→new games). Die Einstellung zu Kooperationsspielen ist entscheidend von bisherigen Spielerfahrungen und -gewohnheiten sowie Wertvorstellungen und dem Grad sozialen Verhaltens geprägt. Auch die Bewertung der Konkurrenz- bzw. Kooperationsspiele durch die Spielpädagogen hängt von diesen Faktoren ab (→Konkurrenz im Spiel)
U.B.

Literatur:
Klippstein, E. u. H.: Soziale Erziehung mit kooperativen Spielen. Bad Heilbrunn 1978

Kreativität und Spiel

Kreativität ist (nach Meinung einiger Jugendlicher) ...
- lebendiger Protest gegen kalte Perfektion
- nicht lange überlegen, einfach anfangen
- ein Training für Positivität (das Positive leben lernen, aus dem Negativen lebst eh nicht)
- sich selbst auszuprobieren
- den Mut haben, sich auf Neues einzulassen, sich nicht durch Bekanntes oder schon Gemachtes einengen zu lassen
- die eigene Umwelt sehen und umgestalten
- mit Bestandteilen der Umwelt spielen zu lernen
- fliessen lassen, Dämme brechen lassen
- eine Sommerwiese (kein kurzgeschorener Rasen)

Aus diesen Begriffsannäherungen lassen sich zwei grundlegende Erkenntnisse herausfiltern:

- *Beim kreativen Spiel kommt es auf die schöpferischen Einfälle beim Spiel an, nicht auf ein vorbestimmtes Ziel.*
- *Die Qualität des Ergebnisses ist zunächst gleichgültig (Bewertungen – vor allem negative – behindern kreative Handlungen).*

Zwei Beispiele:
Zwei Gartenstuhlgestänge stehen auf dem Rasen herum. Sven und Paul (ca. 6 Jahre alt) streunen herbei. Sie spielen

Kreativität und Spiel

Fangen um die Stühle — links herum — rechts herum. Jeder setzt sich in einen Stuhl. Das ist ein Auto. Plötzlich Vollbremsung. Paul kippt beinah vornüber. Sven legt sich in der Kurve so schräg, dass er umfällt. Dann die beiden Stühle aufeinander. Ein Klettergerüst. Hochklettern. Sich gegenseitig in Balance halten. Runterspringen. Sie gehen (Jede neue Zuordnung der Gartenstühle war für die Kinder ein kreativer Akt).
Endlich Pause! Die Vorbereitungsgruppe einer Spieletagung hat sich müde geredet. Spaziergang durch den Wald. Es liegt viel herum: Baumreste, Wurzeln, Äste, ausgedorrte Weihnachtsbäume, Plastikplanen, Dosen, ein Autoreifen ... Eine Idee: Lass uns daraus etwas bauen! Die Gruppe durchsucht den Wald. Jeder schleppt wundersame Dinge herbei. Jetzt reicht es! Die Sammelstücke werden gemeinsam auf- und ineinandergefügt. Ein Werk entsteht. Es heisst: Waldwerk I (wood-art).
Die beiden Beispiele handeln von freien Spielen. Sicher lassen sich auch Regelspiele kreativ ändern. Es sei allerdings davor gewarnt, das Wort Kreativität zum immerstimmigen Lernziel auszuweiten. Ein gutes, ein wichtiges Wort wird dann zur Kuscheldecke all derer, denen zum Spielen sonst keine weiteren Lernmöglichkeiten einfallen.
Übrigens: Kreativität entsteht durch wildes Ausprobieren und durch neue Einfälle zu alten Sachen. Zu beidem ist viel Phantasie notwendig. In dieser Gesellschaft wird an nur einigen Arbeitsplätzen viel Kreativität verlangt, aber die Phantasie — ihre Voraussetzung — ist noch längst nicht an der Macht.
Kreativität muss nicht sein. Man kann auch so leben. Allerdings bleibt dann immer alles beim Alten.
Peter Berker

Kriegsspielzeug

Kleine Plastikarmeen, Ritterburgen, Zinnsoldaten, Aufziehpanzer, Quartette mit Bomberabbildungen, Pistolen von Knallkorkenrevolvern bis zur Wasserpistole, Plastik-Weltraumkreuzer für den zukünftigen galaktischen Krieg, Modellbausätze von Flugzeugträgern, auch der Nahkampfanzug für die Action-Puppe 'Big Jim', Gewehre bei vielen Tele-Spielen.

Kriegsspielzeug sind für Kinder hergestellte Nachbildungen von Personen oder Gegenständen, die in der Regel im Krieg eingesetzt werden.

Neben den Nachbildungen von Personen und Gegenständen, die etwas mit Krieg zu tun haben, gibt es auch Gesellschaftsspiele, also Brettspiele, die kriegerische Handlungen simulieren. Dergleichen würde ich auch zum Kriegsspielzeug zählen.

Kriegsspielzeug

Beispielsweise: Das Spiel 'Risiko', das nur daraus besteht, dass man während des gesamten Spiels ständig Länder oder ganze Kontinente erobert oder auch die eigenen Armeen verliert.

Ganz nahe verwandt ist dem Kriegsspielzeug das Aggressionsspielzeug, mit dem aggressives Verhalten gegenüber anderen Menschen nachgeahmt werden kann.

Beispiele: Kinderboxhandschuhe, Messer in vielen Varianten, Horror-Puppen, Spielautomaten mit Abschussimulationen.

Einige Gründe, weshalb Kinder mit Kriegsspielzeug spielen:

1. Waffenbesitz und die Identifikation mit Militär stärken das Selbstwertgefühl und die Durchsetzungsfähigkeit, besonders bei unterprivilegierten, autoritär behandelten Kindern.

2. Bei Befragungen lehnen die meisten Eltern Kriegsspielzeug ab, sind aber dem tatsächlichen Kauf gegenüber gleichgültig.

3. Die wenigsten Erwachsenen leben den Kindern eine konsequent pazifistische Werthaltung vor.

4. Es ist nicht verboten, Kriegsspielzeug herzustellen, zu verkaufen und dafür Werbung zu treiben.

„Es hat wenig Sinn, gegen das Kriegsspielzeug zu Felde zu ziehen, wenn die Welt der Erwachsenen angefüllt ist mit Kriegsdrohungen."

(F. Beck: Ist dies das richtige Spielzeug? In: Die Schulgemeinde 1961)

Ist an diesem makaberen Argument nicht etwas Wahres? Nämlich Folgendes: Wer gegen Kriegsspielzeug ist, müsste gegen Krieg, gegen Militär, gegen Konfliktbewältigung mit Gewaltmitteln sein. Und wenn man diesen Gedanken konsequent weiterverfolgt, müsste man auch für Abrüstung statt Aufrüstung (oder wie es verharmlosend neuerdings heisst: Nachrüstung) sein – und für Kriegsdienstverweigerung statt Dienst in der Bundeswehr ...

Welche Wirkung hat Kriegsspielzeug?
Es ist ein weit verbreitetes Fehlurteil, dass das Spielen mit Kriegsspielzeug kathartisch (reinigend) wirke und die Kinder damit Aggressionen, die sowieso vorhanden seien, 'abreagieren' könnten. Untersuchungen dagegen haben erwiesen, dass Häufigkeit und Stärke aggressiver Handlungen nach dem Spielen mit Kriegsspielzeug bei Kindern zunehmen.
Statt dass Kinder sich mit diesem Spielzeug austoben können und friedfertig werden, verhalten sie sich also aggressiver. Und sie gewöhnen sich mit Hilfe von Kriegsspielzeug auch an eine gewaltsame Klärung von Konflikten und schliesslich lernen sie kriegerische Handlungen nur als nicht kritisierten Alltag kennen.
Alternativen zu Kriegsspielzeug können verschiedene Abenteuer-Spielsachen (z.B. Safari-Autos, Rettungshubschrauber) und Lärminstrumente (mit denen man sich auch Aufmerksamkeit verschaffen kann, z.B. Trillerpfeifen) sein.
Hinweise zu weiteren Beurteilungskriterien im Stichwort 'Gutes Spielzeug'.
U.B.

Literatur:
Retter, H.: Spielzeug. Weinheim 1979
Schmidtchen/Erb: Analyse des Kinderspiels. Köln 1976
Baer, U.: Sieben Anmerkungen zum Thema Kriegsspielzeug, in: Arbeitsblätter zur Spielpädagogik. Garbsen 1981
Mieskes, H.: Kriegsspielzeug und Martialistischer Geist. Bamberg 1981

Lernen im Spiel

Lernen geschieht bekanntlich nicht nur in den dafür geschaffenen Institutionen Schule, Kindergarten oder Berufsausbildung. Ohne (von Pädagogen und Eltern beabsichtigtes und nicht beabsichtigtes) Lernen wäre keine Persönlichkeitsentwicklung, kein Hineinwachsen in die Gesellschaft, keine Entwicklung zu selbstbestimmtem Handeln denkbar.

In unserer Sozialisation lernen wir Bewusstseinsinhalte und Verhaltensmöglichkeiten und vor allem die Fähigkeit, Triebbedürfnisse und soziale Erwartungen der Umwelt gegeneinander abzuwägen und rational zu steuern (ICH-Entwicklung).

Es gibt zwei typische Lernprozesse: das Reiz-Reaktions-Lernen und das Modellernen. Im ersten Fall werden unsere Reaktionen auf Umweltreize verstärkt, bestätigt oder belohnt und dann werden wir diese Reaktion in einer ähnlichen Situation wiederholen, weil sie sich 'bewährt' hat, wir haben 'eine gute Erfahrung damit gemacht'.

Wenn wir Kinder loben, dann 'verstärken' wir ihr Verhalten. Wir sollten also genau überlegen, welche Verhaltensweisen wir beim Spiel der Kinder verstärken und welche nicht.

Beim Modellernen imitieren Kinde ihre Vorbilder, probieren Rollen und Interaktionen aus. Im Rollen- und Symbolspiel werden deshalb Verhaltensweisen und Werthaltungen erworben.

Kinder spielen, um Erlebnisse und Erfahrungen verarbeiten zu können, um sich unsere Wirklichkeit im Spiel begreifbar zu machen und um Neues im Spiel ungefährdet ausprobieren zu können, also um zu lernen. Weil ein Kind im Spiel durch die ständige variantenreiche Wiederholung Denk- und Verhaltensweisen einübt, kommt es sehr dar-

auf an, welche Denkinhalte und welche Handlungen dabei eingeübt werden.
Aus diesem Grunde ist das Interesse der Spielpädagogen an Spielinhalten und Spielstrukturen berechtigt und erforderlich: die Verantwortung der Erzieher für das, was Kinder beim Spiel über das Leben in unserer Gesellschaft lernen, kann nicht auf einen anonymen 'Reifungsprozess', eine 'natürliche Entwicklung' oder 'kindgemässe Zweckfreiheit' abgeschoben werden. Ob das künftige Leben der Kinder von Untertanengeist und Angstneurosen geprägt sein wird oder ob sie als selbstsichere, kreative Bürger den 'aufrechten Gang' gehen werden können, das entscheidet sich zum Teil bereits im Spielalter (→Gesellschaft und Spiel).
U.B.

Literatur:
Krappmann, L.: Soziale Kommunikation und Kooperation im Spiel und ihre Auswirkungen auf das Lernen, in: Daublebsky, B.: Spielen in der Schule. Stuttgart 1973

Lernspiele

→ Didaktisches Spielmaterial

Literatur zur Spielpädagogik

Eine ausführlich kommentierte Liste von Veröffentlichungen zum Kinderspiel und Spiel mit Kindern ist von der Dokumentationsstelle des Deutschen Jugendinstituts erarbeitet worden.

Brigitte Schröder
Kinderspiel und Spiel mit Kindern
Verlag Deutsches Jugendinstitut München 1980
Bezug: DJI, Saarstr. 7, D-8000 München 40
Eine 38 Titel umfassende, kurz kommentierte Literaturliste hat der Robin-Hood-Versand veröffentlicht. Sie enthält überwiegend praxis-orientierte Spielbücher und -sammlungen: (kostenlos gegen Rückporto)
Robin-Hood-Versand
Marienstr. 9-11, D-3000 Hannover 1

Der Verlag für Pädagogische Dokumentation hat mehrere umfangreiche und zahlreich kommentierte Bibliographien veröffentlicht. Für die Spielpädagogik sind folgende Bände relevant:
Ziegenspeck, J. u.a.: Spielen in der Schule (Sachstandsbericht und Literaturnachweis 1973-78). Duisburg 1980
Broich, J.: Spiel- und Theaterpädagogik (Literaturnachweis, allerdings ohne Rezensionen und Beratungsdokumentation). Duisburg 1981
Knapp, A.: Soziales Lernen im Unterricht (kommentierter Literaturüberblick u.a. mit Rollen- und Planspielliteraturangaben). Duisburg 1981
Diese Bände können über Buchhandel und Robin-Hood-Versand bezogen werden oder weil jeder Band weit über 30.– DM kostet, in grossen Bibliotheken eingesehen werden.
U.B.

Ludothek

→Spieliothek

Malspiel

Jedes Paar hat einen Filzstift und ein Blatt Papier: Fasst den Filzstift zu zweit an und malt einen Baum, ein Haus und einen Hund. Sprecht nicht miteinander.

Malspiele sollen den spielerischen Charakter dieser Tätigkeit der künstlerischen, individuellen Produktion gegenüberstellen. Malspiele können Abbilder der Kommunikation in der Gruppe sein und Kooperationsübungen. Vor allem, wenn ein weiteres Medium hinzukommt, z.B. Musik, können Malspiele hervorragende Sensibilisierungsübungen sein.
U.B.

Marionettenspiel

Im Gegensatz zur Handpuppe stellt die Marionette ein Puppenganzes mit beweglichen Gliedern dar (→ Puppenspiel). Sie hängt als Pendel an Fäden/Drähten und hat somit einen eigenständigen schwerpunktbezogenen Mechanismus, dem sich der Spieler anpassen muss. Es handelt sich hierbei um ein Spiel *der* Puppe, und nicht um ein Spiel des Spielers *durch* die Puppe. Deswegen schreibt man der Marionette auch eine eigene 'Seele' zu. Da sie von oben geführt wird und auf der Bühne steht, ist ihr Spielraum nach oben offen. Je nach Anzahl der Fäden, die zur Puppe führen, ist das Bewegen von Marionetten recht kompliziert. Der gute Spielwarenhandel führt aber auch einfache, zwei- oder vierfädige Marionetten.
Edeltrud Freitag-Becker

Maskenspiel

Ähnlich wie im Puppenspiel stehen die Masken einerseits stellvertretend für den Spieler, können ihn aber andererseits völlig verändern, leicht in eine Rolle schlüpfen lassen. Das Maskenspiel gehört zur Gruppe der Vorführ- oder Theaterspiele, weil die Maske nur vom Zuschauer wahrgenommen werden kann.

Einfache Masken werden aus Papier geklebt, können aus Stoff genäht oder aus Alu-Haushaltsfolie bestehen, die vorsichtig aufs Gesicht gedrückt wird und bemalt werden kann.

Komplizierter und langwieriger, aber zugleich ein erlebnisreicher Werkprozess ist die Herstellung von Gips-Masken und Masken aus Pappmaché oder Agoplastmaterial.

U.B.

Literatur:
Schön, W.: Praxishilfe: Puppen und Masken. Gütersloher Verlagshaus. Gütersloh 1979
Der Autor beschreibt sehr leicht lesbar die Möglichkeiten des Spiels mit Puppen und Masken, gibt didaktische Tips und erklärt erfreulich verständlich, wie verschiedene Maskenarten, Handpuppen und Schattentheaterfiguren gebaut werden.

Materialien zur Spielpädagogik

Kinderspiele und -spielzeug sind leicht zu besorgen, dafür gibt es seit Jahrzehnten einen profitablen Markt. Die Vertreter der Hersteller, der Handel und unabhängige Arbeitsgruppen geben ihre Empfehlungen ab und die

Verbreitung dieser Materialien ist gesichert (→ Gutes Spielzeug).

Etwas anders sieht es schon mit Büchern zur Spielpädagogik aus. Erst in den letzten Jahren sind mehrere Theorie- und Praxispublikationen erschienen, die über die ständige Wiederaufbereitung der immer gleichen traditionellen Spiele hinausgelangen. Aber in den Buchhandlungen und öffentlichen Bibliotheken sind meist nur wenige vorhanden (− Literatur zur Spielpädagogik).

Inzwischen existiert eine bedeutende Anzahl 'grauer Literatur', Praxishilfen, die nicht über den Buchhandel erhältlich sind: nützliche Erfahrungsberichte und Spielsammlungen.

In Hannover wurde der Robin-Hood-Versand gegründet, der die Verbreitung solcher Materialien übernommen hat. Er versendet u.a. auch die an der Akademie Remscheid entstandenen Spiele des Autors. Ein weiterer Schwerpunkt liegt bei Kooperationsspielen und gruppenpädagogischen Lernspielen (Kennenlern-, Selbsterfahrungs-, Sexualerziehungs- und politischen Spielen). Ein Katalog kann gegen Rückporto angefordert werden: *Robin-Hood-Versand, Marienstrasse 9-11, D-3000 Hannover 1.*

Wer für seine Einrichtung interessante Spielgeräte und -materialien besorgen will, um ein Spielfest zu organisieren, erhält Adressen beim
Deutschen Sportbund, Postfach, D-6000 Frankfurt/M. 71
Adressen, speziell für den Spielmaterialbedarf von Kindergärten, stehen in folgendem Buch (S. 205 ff.):
Fortbildungsinstitut: Bausteine für die Arbeit in Kindergarten und Hort, Band II. Weinheim 1980.

Weitere Hilfen, an spielpädagogisches Material zu gelangen, können die → Beratungsstellen und → Arbeitsgemeinschaften geben.

U.B.

Materialspiele

Kinder haben überhaupt keine Probleme damit, die verschiedensten Alltagsmaterialien für phantasievolle Materialspiele zu verwenden (sofern die Ausbildung ihrer Spielfähigkeit nicht behindert wurde). Für Erwachsene dagegen gehört eine erhebliche Vorstellungskraft dazu, sich für das Material neue Funktionen, Verwendungen und Bedeutungen auszudenken, und eine gewisse Konstruktionsfähigkeit ist notwendig, um aus dem Material etwas Neues zusammenbauen zu können.

Je älter die Kinder sind, desto mehr spielen sie mit Materialien, nicht um ihre Eigenschaften und ihre Handhabung zu erproben, sondern um zweckgerichtet neue Gegenstände zu erschaffen: aus Pappkartons entsteht ein Fernseher, Tücher werden über Stühle zu einer Höhle gelegt, Verpackungsmaterial wird zu einem Mülldenkmal einer Umweltschutzaktion zusammengeklebt und bemalt (→Spielaktionen, →Feste und Feiern).
U.B.

Mitspieltheater

„In letzter Minute sind unsere Schauspieler krank geworden, wer hilft uns und übernimmt eine kleine Rolle? Wir brauchen ..."
„Im nächsten Abschnitt geht unsere Geschichte auf einem Campingplatz weiter, wer hat Lust mit uns zusammen auf dem Campingplatz zu spielen, zu faulenzen, was zu kochen ...?"
„Dann entdecken wir in der Höhle einen gewaltigen Drachen. Hat jemand gerade mal einen Drachen dabei? Nein? Wir brauchen einen Drachen. Klaus hat ein Drachenkostüm genäht. Wer möchte in das Drachenkostüm schlüpfen ..."

Beispiele für verschiedene Möglichkeiten der Mitwirkung der zuschauenden Kinder oder Jugendlichen bei einem Mitspieltheaterstück. Von der zeitweisen Mitwirkung als Statisten bei 'Massenszenen', bis zur Übernahme wichtiger Rollen und zur Entscheidung der teilweise mitspielenden Zuschauer über den Fortgang der Handlung, reichen die Versuche des Mitspieltheaters.
Mit diesen Möglichkeiten soll die Distanz zwischen Bühne und Zuschauern verringert werden, eine starke Identifikation mit dem Stück, eine den Einfällen der Kinder entsprechende Veränderung des Stücks und eigene Spielfreude bei den Kindern erreicht werden.
U.B.

Musikspiele

Allzu oft spielt Musik bei vielen eine nur unterhaltende Rolle, mehr wird gar nicht erwartet. Hinzukommen vielfach auch negative Erfahrungen im schulischen Musikunterricht. Inzwischen sind ausserdem eine Flut von elektronischen Musikspielereien auf dem Markt, die das eigene Tun auf das Drücken von einigen Knöpfen reduzieren und damit den Erlebnischarakter von Musik eher verhindern als fördern.

Wie kann man dennoch an Musik heranführen oder sich heranführen lassen, und wie ist es machbar, auch die sogenannten 'Unmusikalischen' mit einzubeziehen?

Musikspiele, d.h. ein spielerischer Umgang mit Instrumenten oder Stimmen, gibt es eine grosse Anzahl. Mit etwas Phantasie sind sie leicht zu (er-)finden.

Beispielsweise kann mit zwei Löffeln schon ein Schlagzeug improvisiert werden. Lustig ist auch, ein Messer mit einer Hand an der Spitze fest auf einen Tisch zu pressen, mit der anderen Hand kann man es Anschlagen, so dass ein Schnarren erklingt, das sich in der Tonhöhe verändern lässt, wenn man das Messer zum Tisch oder von ihm wegdreht. Jeder hat schon einmal unterschiedlich gefüllte Tassen oder Flaschen angeschlagen. Wer die Flaschen mit ein paar Stricken an einem Stück Holz nebeneinander aufreiht, hat schon eine Art Xylophon.

Es lässt sich sogar mit einer Gruppe von vollkommen Unmusikalischen ein kleines Stück komponieren. Das Instrumentarium kann so aussehen:

— Vorhandene Instrument wie
Triangel, Vibraphon, Xylophon, Klingstäbe,
Trommeln, Bongos, etc.

— Selbstgebaute Instrumente wie
Rasseln, Schnarren und alle Arten von Dosen,
Töpfen, Löffeln, Deckeln, auch Kazu und auf
den Kamm blasen

— Körpereigene Instrumente wie
Klatschen, Knipsen, Stampfen, dazu Schnalzen,
Flöten, Quietschen, Piepsen, Krächzen, Summen,
Brummen, Schnaufen und sonstige Möglichkeiten

Erst geht es um das Ausprobieren der vorhandenen Instrumente. Eine gewisse Zeit lang kann jeder sein Instrument suchen und alle Arten von Tönen produzieren. Wann abgebrochen wird, kann vorher verabredet werden.
Anschliessend werden Instrumentengruppen gebildet, die zueinander passen. Einige Übungen werden gemeinsam durchgeführt: laut – leise, lang – kurz. Das kann gesteigert werden und in eine Abfolge gebracht werden: kurzes Schreien, ansteigendes Trommeln, Windmachen, wildes Durcheinander aller Flöten, etc.
Nun wird die 'Partitur' gemeinsam erarbeitet. Dabei werden nach Möglichkeit alle Einfälle und Vorschläge berücksichtigt, eine Reihenfolge endgültig festgelegt und Zeichen abgesprochen. Alles wird mittels eigener Symbole (Punkte, Wellenlinien etc.) auf eine Tapetenrolle gemalt. Einer wird gebeten, als Dirigent zu fungieren. Das tut er, in dem er mit dem Finger an der Partitur entlangfährt. Alle richten sich nach ihm, er kann auch die Geschwindigkeit bestimmen.
Nach einigen Übungsdurchgängen kann dann die Aufführung folgen. Mit viel Spass verbunden sein kann, wenn ganz zum Schluss zur Abwechslung alles von hinten durchgespielt wird.
Eckart Bücken

new games

Riesenraupe:
„Legt euch alle nebeneinander auf den Bauch, so dicht wie möglich; kleine Leute drücken sich am besten zwischen zwei grosse. Die Bewegung beginnt am Schwanzende; der äusserste Spieler rollt sich auf seinen Nachbarn

und weiter über die ganze Körperreihe, bis er vorne wieder auf dem Bauch liegt. Inzwischen hat sich schon der nächste in Bewegung gesetzt, und so einer nach dem anderen ... Wie wär's mit einem Querfeldeinrennen zweier Riesenraupen?"

Vielleicht kannten Sie dieses Spiel schon? Die wenigsten 'new games' sind tatsächlich neu. Neu ist vor allem die Einstellung, mit der sie gespielt werden. Es sind Bewegungsspiele, oft für grosse Gruppen, einige mit Wettkampfcharakter, manche mit besonderen Materialien (Erdball, Fallschirm) und immer mit Körperkontakt. Diese Spiele werden nicht gespielt, um zu gewinnen, und wenn, dann wechseln die Gruppen ständig, sondern um zu toben, um Freude mit anderen zu geniessen, um was zusammen zu machen. 'New games' sind nicht nur eine Spielsammlung, sondern eine Bewegung, die 1973 mit einem grossen Spielfest der kalifornischen Alternativszene und Friedensbewegung begann. Der Erfolg dieser Spielfeste beweist, dass die 'Zeit reif' ist, d.h. dass die Einstellung von vielen Jugendlichen und Erwachsenen soweit entwickelt ist, dass man solche Spiele mit einer veränderten Spielmotivation spielen kann. Leider werden die 'new games' im deutschsprachigen Raum ihres alternativen Hintergrunds beraubt und praktisch domestiziert, seit sie von den Sportorganisationen aufgegriffen und zur Propagierung von Breitensport verwendet werden (→ Spielfest).
U.B.

Literatur:
new games – die neuen Spiele. Ahorn Verlag. Soyen 1979
Eine toll illustrierte Sammlung von 60 Bewegungsspielen, vor allem auch für grosse Gruppen, aus der kalifornischen

Alternativszene. Also Spiele mit viel Action, aber wenig Wettbewerb — weitgehend in der BRD unbekannte Spiele. Tips für Spielleiter, Rezepte für ein Spielfest.

Pantomimisches Spiel

Eine Gruppe von Kindern sitzt aufgeregt auf ihren Stühlen, alle in einer Reihe. Plötzlich springt einer auf, deutet stumm auf etwas in der Ferne, plötzlich jubeln alle, ohne auch nur einen Laut von sich zu geben ... Was ist los? Die Kinder geben einer anderen Gruppe eine pantomimische Rateaufgabe: 'Zuschauer bei einem Fussballspiel' war herauszufinden.

Ebenso wie manche Wahrnehmungsspiele durch den bewussten Verzicht auf einen menschlichen Sinn (z.B. bei Blindspielen; → Kim-Spiele) besonders reizvoll werden, macht es Spass, auch ein Ausdrucksspiel unter Verzicht auf die übliche Ausdrucksform, die Sprache, zu spielen, also pantomimisch. Nur durch Mimik, Gesten und Körperbewegungen, allenfalls nur einige Geräusche, sich verständlich zu machen, ist schwierig. Viele pantomimische Spiele sind deshalb Ratespiele. Zwar kommt es auf eine verständliche Darstellung an, aber die Präzision der künstlerischen Darstellungsform 'Pantomimisches Theater' braucht nicht angestrebt zu werden. Aber dennoch tragen pantomimische Spiele nebenbei zur Ausdrucksschulung bei, genauso wie → Wortspiele rhetorische Übungen sind.

Auch Jugendlichen können pantomimische Spiele noch viel Spass machen, z.B. die Fernsehsendung 'Montagsmaler' umfunktioniert zu 'Montagsschauspieler': Begriffe, zusammengesetzte Worte, Sprichwörter, Werbeslo-

gans, abstrakte Wörter werden stumm gespielt und von den anderen geraten. Auch eine Diskussion über geschlechtsspezifisches Verhalten und Körpersignale könnte durch eine pantomimische Vorführung der verschiedenen Sitzweisen und Haltungen von Jungen und Mädchen eingeleitet werden.
(→Theaterspiel, →Szenisches Spiel).
U.B.

Phantasie und Spiel

Eine Musik wie von Robotern gemacht, dröhnt aus den Lautsprechern. Die Gruppe von Jugendlichen hört aufmerksam der Musik der Band 'Kraftwerk' zu. Aber sie lauscht nicht andächtig und versunken, sondern hellwach und konzentriert: Es geht bei diesem Spiel nämlich darum, einen Tanz zu erfinden, der zu der Musik passt und den man wohl im Jahr 2000 tanzen könnte ...

Phantasie gehört zum Spiel wie der Whisky zum Irish Coffee: ohne ihn wäre es eigentlich kein Irish Coffee und ohne Phantasie eigentlich kein Spiel, obwohl es viele phantasielose Brettspiele und Spielautomaten gibt. Spiel besitzt eine zweite Wirklichkeit, eine Annahme: das Kind stellt sich nur vor, dass der glattgestrichene Sand eine Autobahn ist. Diese 'Als-ob'-Realität sich auszudenken, allein dazu gehörte schon eine gute Portion Phantasie, aber dann passiert in dieser Spielwelt , in diesem Phantasieland noch eine ganze Menge und im Rollenspiel nehmen andere Kinder die Vorstellung auf, tun eigenes dazu, funktionieren einen Stuhl zu einem Auto um. Und wehe dem, der daran zweifelt ...

Phantasie und Spiel

Das Spiel wird von der Phantasie vorangetrieben und das Spiel fördert die Phantasiefähigkeit der Kinder. Ob Kinder befriedigend spielen können, hängt auch von ihrem Vorstellungsvermögen und dem schöpferischen Handeln nach diesen Phantasievorstellungen ab (→ Kreativität und Spiel).

Es gibt soziale Verhältnisse, die die Phantasietätigkeit fördern und welche die sie behindern:

Phantasie fördernde Faktoren:
   Akzeptieren von spontanem, intuitivem Verhalten;
   Neugier und Risikobereitschaft;
   Zutrauen zu sich selbst, relative Angstfreiheit und ein positives Selbstkonzept;
   ganzheitliches Denken ohne die Scheuklappen von Schulfächern und Wissenschaftsdisziplinen;
   erfahrene Bestätigung bei der Umsetzung von Phantasie in kreatives Handeln;
   ironisch-satirische, unernste Einstellung zu sich, Personen, Sachen, Zuständen …;
   Unvoreingenommenheit gegenüber Ungewohntem;
   Verstärkung des schöpferischen, diskursiven Denkens;
   Träumen, meditieren, Zeit und Musse haben …

Phantasie behindernde Faktoren:
   Zensur, Verbot, Einschränkung, Konformitätsdruck;
   einseitige, selektive Wahrnehmung;
   Negative Bewertung durch andere, 'Killerphrasen';
   Resignation und Hoffnungs- und Ziellosigkeit;
   Angst behindert Neugier, stimuliert höchstens die Angstphantasien;
   Gehorsamkeitserziehung;
   Planungs- und Versorgungsperfektionismus …

Manchmal wundert man sich, dass die Kinder tatsächlich unter den herrschenden gesellschaftlichen Zuständen noch Phantasie entwickeln können … Aber spätestens

den meisten Jugendlichen wurde diese Fähigkeit (u.a. in der Schule) ausgetrieben: sie überlassen sich passiv der Phantasiekonserven in Film, Musik, Fernsehen.
Phantasie entwickeln zu können und dann Vorstellungen mit kreativem Handeln in die Realität umsetzen zu können – diese Fähigkeiten gehören zu den Kompetenzen eines selbstbestimmten, aktiven, angstfreien Menschen. Um dieses Erziehungsziel zu erreichen, ist eine phantasievolle Spieltätigkeit und die konstruktive Konfrontation der Phantasie mit der Realität, ihren Bedingungen, Forderungen und Einschränkungen notwendig.
Die Spielpädagogik kann mit phantasiefordernden Spielen und Kreativierungsmethoden verschüttetes schöpferisches Denken einwenig freischaufeln. Diesem Ziel gebührt in der Spielpädagogik Priorität, denn es ist noch viel Phantasie nötig, nicht um Auszuflippen, sondern um sich eine menschlichere Welt vorstellen zu können. Und dann darf diese Phantasie nicht zu Ersatzbefriedigungen, Sehnsüchten und Träumen verkommen, sondern muss an die Macht!
U.B.

Planspiel

11.15 Uhr. Spielschritt 21: Die Gruppe 'Bürgerinitiative' schickt einen Brief mit ihren Forderungen an die Stadtverwaltung. Kopie geht an die Presse.
11.18 Uhr. Spielschritt 22: Die Gruppe 'Presse' veröffentlicht das Schreiben als Offenen Brief. An alle Gruppen.
11.30 Uhr. Spielschritt 23: Die Stadtverwaltung ladet zu einer Pressekonferenz und erklärt, dass hinter den Forderungen der Bürgerinitiative nach Einrichtung eines Abenteuerspielplatzes kommunistisch gelenkte Gruppen stün-

den und im Übrigen in diesem Haushaltsjahr kein Geld mehr für derartig zweitrangige Projekte vorhanden sei ...

Ein Planspiel ist die Simulation eines gesellschaftlichen Konflikts, der durch schriftliche und/oder mündliche Spielschritte zwischen Gruppen dargestellt wird.
Für das Planspiel wird die Ausgangslage eines Konflikts beschrieben, dann die teilnehmenden Gruppen – und schon kann es losgehen: die Gruppen überlegen sich ihre Strategie und es beginnt mit Briefen, Berichten, Pressekonferenzen, Sitzungsprotokollen, Telefonaten und Unterredungen, Sanktionen und Forderungen ...
Mit einem Planspiel können die Teilnehmer lernen, ...
... wie man taktisch-politisch handelt,
... wie sich Konflikte eskalieren,
... wie sich Kompromisse auswirken,
... welche Rolle Macht- und Herrschaftsstrukturen spielen,
... wie man sich als Gruppe durchsetzen kann.
Seit Beginn der Siebziger Jahre werden Planspiele in der Bildungsarbeit mit Jugendlichen und Erwachsenen in der BRD durchgeführt. Planspiele können in der Lehrerausbildung (Konfliktspiele für Lehrer), in der Lehrlingsarbeit (DAG-Scheinfirmen), in der Bewusstseinsbildung für Arbeitslose (Aufklärung von Wirtschaftsmechanismen im Kapitalismus), für Schülergruppen (Strategie einer Schülerzeitung) und Bürgerinitiativen u.v.a. genutzt werden.
Der Vorteil einer Bildungsarbeit mit Hilfe der Planspielmethode liegt im Spiel: es macht Spass, ermöglicht eine hohe Erlebnisdichte durch die Identifikation mit einer Rolle und verhilft durch die Diskussion über Handlungsschritte in den Gruppen und während der Schlussreflexion zu intensiven Erfahrungen.

(→ Politische Bildung und Spiel, → Friedenserziehung und Spiel, → Konfliktspiele, → Rollenspiel mit Jugendlichen)
U.B.

Literatur:
Baer, U.: Spielen und Lernen mit Grossgruppen. Remscheid (3.) 1981 (Bezug über Robin-Hood-Versand → Materialien)
Vagt, R.: Planspiel-Konfliktsimulation und soziales Lernen. Eine Einführung in die Planspielmethode. Schindele Verlag Rheinstetten 1978

Planung von Spieleinheiten

Man kann den Verlauf und den Erfolg von Spiel-Einheiten nicht vorausplanen, aber man muss planen, wenn man über den Augenblick hinaus handlungsfähig bleiben will.
(Jürgen Kleindiek)
So unerlässlich die Flexibilität ist, ohne Planung wird sie orientierungslos.
(Benita Daublebsky)

Es gibt ja unter 'Spielpädagogen' auch diese Auffassung: „Ich muss mich mit der Gruppe auf das Spielgeschehen einlassen, abwarten, was sich entwickelt, das Spiel aus sich heraus kommen lassen, Spiel ist eine nicht planbare Bewegung."
Wenn Spielpädagogen Pädagogen sind, so haben sie einen gesellschaftlichen Auftrag und leiten daraus ihre Ziele ab. Und ein Spielpädagoge, der sich in seinem Beruf Ziele steckt, wäre ein dem Zufall ausgelieferter Ignorant, wenn er sich nicht auch Gedanken über die Erreichung der Ziele

machen würde. Weil aber Spiel eine freiwillige Tätigkeit ist, weil es Spass machen soll und in sich selbst prozessorientiert ist — aus allen diesen Gründen gelten für die pädagogische Planung zwei Kriterien ganz besonders: die Berücksichtigung der Bedürfnisse und Interessen der Gruppe und das Prinzip der offenen Planung (Varianten; Alternativen; keine rigide Lernzieltaxomonie und -kontrolle).

Die einzelnen Planungsschritte (entsprechend der lerntheoretischen Didaktik; →Didaktisches Handeln):

1. Welche Bedingungen liegen vor?
   Wie ist die Gruppe zusammengesetzt?
   Welche Vorerfahrungen hat sie mit Spiel und mit dem Thema?
   Welche räumlichen und zeitlichen Möglichkeiten?
   Welche Vorstellungen hat der Schulträger, der Tagungsleiter o.ä.?
   Welche Denk- und Verhaltensdefizite oder sozialen Konflikte hat die Gruppe?
2. Welche Ziele kann ich mit der Gruppe vereinbaren?
   In welchem pädagogischen Kontext steht diese Spiel-Einheit?
   Wem nützt die Erreichung der Ziele tatsächlich?
3. Welche Spiele in welcher Reihenfolge?
   Welche Spielformen sind für die einzelnen methodischen Schritte geeignet? Welche Spiel-Inhalte?
   Welche beherrsche ich, welche noch nicht?
   Was für Material muss bereitstehen?
   Wie gebe ich die Vorschläge und Anregungen ein?
   Welche Gruppierungsformen sind Spiel- und Ziel-gemäss?
4. Alternativ-Planung:
   Was mache ich, wenn Spiele nicht akzeptiert werden oder nicht so verlaufen, wie ich es mir dachte?
   Welche 'Störfaktoren' könnten auftreten?

Welche Reservespiele könnte ich vorschlagen?
Welche 'Gefahren' (körperliche und psychische) bergen die Spiele?
5. Transfer Planung:
Mit welchen Mitteln können die Erfahrungen aus den Spielen verbalisiert, vertieft, ergänzt, verifiziert und geübt werden?
In welchem Projekt können die Themen der Spiele weitergeführt und wieder aufgegriffen werden?

Hier können nicht zu allen diesen Fragen Hinweise gegeben werden, aber einige *Tips zur Reihenfolge von Spielen:* Es ist günstig, mit einem Aufwärm-Bewegungsspiel zu beginnen; dabei ist es am angstärmsten, wenn es ein 'Action'-Spiel mit Material ist, das simultan von allen gespielt wird. Jetzt mit einem Paarspiel fortzusetzen, erleichtert die Konzentration der Spieler auf zunächst einen Partner. Danach dann mit Kleingruppenspielen weitermachen. Je spannender (d.h. risikoreicher), je schwieriger in den Kooperationsanforderungen und je mehr es sich um darstellendes Spiel handelt, umso schwieriger und angstauslösender kommt es der Gruppe vor und sollte deshalb eher gegen Ende der Spieleinheit vorgeschlagen werden. Der Abschluss kann von einem Kreis- oder kooperativen Gruppenspiel gebildet werden. Eventuelle Pausen und Reflexionsgelegenheiten nicht vergessen! Bei einem Rollenspiel, Plan- und Konfliktspiel lösen sich die Reflexionsphasen und Spielphasen ständig ab. Diese vorgeschlagene Reihenfolge ist nur eine Standardregel und kein allgemeingültiges Erfolgsrezept.

Wenn immer es sich einrichten lässt, sollte man die Planung nicht allein vornehmen, sondern mit anderen Spielpädagogen gemeinsam: die Einfälle vervielfachen sich und der Spielpädagoge fühlt sich sicherer. Voraussetzung für die Teamplanung ist allerdings ein funktionierendes Team mit wenig Konkurrenz untereinander, konstrukti-

ver und akzeptabel formulierter Kritik und einer ähnlichen spielpädagogischen Zielvorstellung.
Zum Umgang mit dieser Planung bei der Durchführung der Spieleinheit siehe 'Spielleiterverhalten'.
(→Auswertung von Spielen, →Bedingungen des Spiels, →Animatives Spielleiterverhalten)
U.B.

Literatur:
Daublebsky, B.: Spielen in der Schule. Stuttgart 1973

Politische Bildung und Spiel

In der politischen Bildung und in der →Friedenserziehung ist Spiel eine Methode zum Erlernen politischer Erkenntnisse und Handlungsstrategien. *Ziel ist dabei Interessenartikulation und -entwicklung zu erproben, politische Lernziele in Spielen umzusetzen und Spass an Veränderung zu gewinnen.* Neben →Plan- und →Rollenspielen finden dabei vor allem auch Konfliktsimmulationsspiele Anwendung: Ein für wichtig erachteter Teil der Wirklichkeit wird herausgegriffen, dieser Teilbereich wird so gründlich wie möglich untersucht, sowie die Beziehungen der verschiedenen Aspekte zueinander reflektiert. Dann werden die entscheidenden Punkte in Spielregeln umgesetzt.
Weil die Abläufe im Spiel gegenüber der Wirklichkeit immer vereinfacht und verkürzt sind, erleben die Teilnehmer unmittelbar die Folgen ihrer Spielentscheidungen, sie erhalten eine Rückmeldung, auch über ihr Verhalten. Da es nur 'Spiel' ist, fällt es leichter, neues Verhalten auszuprobieren oder alte Verhaltensweisen zu kritisieren. Sanktionen werden nicht echt erlebt, sondern nur simu-

liert, dadurch lassen Spiele auch Erfahrungen zu, die bei Einsatz anderer Lernmethoden sonst kaum gemacht werden können. Das Spiel eröffnet zusätzlich den Bereich des sozialemotionalen Lernens, was für die politische Bildung und die Friedenserziehung sehr wichtig ist („Brot für die Welt" und „Brot für Brüder" haben verschiedene gute Simulationsspiele zu Wirtschafts- und Dritte-Welt-Problemen entwickelt, erhältlich über Robin-Hood-Versand, →Materialien).
Aus der Reflexion der im Spiel gewonnenen Erkenntnisse ergeben sich Übertragungsmöglichkeiten auf den politischen Alltag.
Spiel in der politischen Bildung und in der Friedenserziehung dient damit der Bewusstmachung und der Auseinandersetzung mit sozialen Verhältnissen und schafft eine Voraussetzung zur Veränderung gesellschaftlicher Strukturen.
(→Friedenserziehung und Spiel; →Rollenspiel mit Jugendlichen)
Peter Grossniklaus

Puppenspiel

Die Puppe ist ein Mensch oder Tier im Kleinen, eine reduzierte Nachahmung.
Es gibt Handpuppen, in deren Kleid und Kopf die Hand gesteckt wird: am bekanntesten sind Kasperlepuppen. Eine extrem kleine nur kaum bewegliche Form ist die Fingerpuppe. Dazu zählt auch die Taschentuchknoten-Puppe (→Fingerspiele; →Figurentheater).
Stockpuppen sind komplizert zu führende, ursprünglich aus Indonesien stammende Puppen, die heute vor allem für das künstlerische Puppentheater benutzt werden. Zu

den Puppen gehören ferner die Figuren für das →Schattenspiel und die verschiedenen →Marionetten. Beim alten Papiertheater (aus England) werden ausgeschnittene, meist unbewegliche Figuren über eine Papiertheaterbühne geschoben.

Das Puppenspiel eröffnet fast alle Möglichkeiten des 'richtigen' Theaterspiels. Kinder und Jugendliche können sich z.B. mit Strumpfpuppen gut freispielen, weil man sich hinter Puppen 'verstecken' kann (Szenen für improvisiertes Puppenspiel →Klamauk-Spiele).
U.B.

Literatur:
Arndt, F.: Puppenspiel ganz einfach. Don Bosco Verlag. Donauwörth 1969

Rallye

Eine Rallye ist eine Spielaktion im Gelände, mehrere Gruppen müssen einen Weg finden und unterwegs Spielaufgaben erfüllen. Wenn die Rallye nicht zu einem scharfen Wettbewerb werden soll, dann gibt es keine Gewinnpunkte für Schnelligkeit, sondern nur für das Einhalten der Regeln und Erfüllen der Spielaufgaben. Die Spielaufgaben sollten sich im Rahmen eines bestimmten Themas oder Ziels (z.B. Stadterkundung) bewegen (→Erkundungsspiele).

Eine Rallye erfordert eine erhebliche, aber bereits ungemein Spass machende Vorbereitung. Eine Rallye sollte stets mit einem kleinen Fest für alle Gruppen abschliessen.
U.B.

Literatur:
Hagensen, M.: Rallye-Ideen. Ravensburg 1979

Regelspiel

→Bewegungsspiele, →Brettspiele

Robinsonspielplatz

→Abenteuerspielplatz

Rollenspiel

Kinder spielen unaufgefordert alleine oder zusammen Rollenspiele. Sie spielen Rollen, in denen sie bereits stekken und/oder Rollen, die ihnen noch nicht zugemutet werden, die sie aber erleben. Die Rollenspiele dienen somit dem Einüben bestimmter Rollenmuster. Sollen sie darüber hinaus soziales Lernen und Einsicht in die Struktur eigenen Handelns und der eigenen Normen bewirken, dann müssen sie geplant bzw. müssen Anlässe, Vorgaben für diese Zielsetzung genutzt und an die Gruppe herangetragen werden.
Rollenspiele sind also spontane oder geplante Interaktion
(→Interakitons-, →Kommunikationsspiele).
Rollenspiele verändern nicht die Wirklichkeit, die der Spieler nachspielt, sondern sie ermöglichen das Erreichen unterschiedlicher Ziele:

- Situationen durchschauen lernen und differenzierter wahrnehmen;
- Abhängigkeiten von gesellschaftlichen Strukturen und Prozessen erkennen;
- durch das Erfassen von Handlungsabläufen und Bewerten von Handlungsergebnissen die Beziehungen zwischen Menschen besser verstehen lernen / Akzeptanz erlernen;
- durch Imitation Verständnis für die Welt der anderen entwickeln;
- Abstand zur Realsituation erhalten, um somit im Spielraum Handlungsalternativen ausprobieren zu können;
- durch genauere Beobachtungen und Erlebnisse sich besser kennen lernen und Einstellungen zu sich selbst gewinnen;
- in der spielerischen Auseinandersetzung Durchsetzungskraft und Aggressionen ausleben;
- soziale Kommunikation einüben / Umgang mit Kultur/Sprache erlernen;
- aktiv in eine Gruppe hineinkommen und sich als Spielgefährte bewähren;
- Möglichkeiten der psychischen Stabilisierung erfahren (Bestätigungen erhalten).

Dies bedeutet jedoch, dass der Erzieher/Spielleiter befähigt sein muss, einen Anlass (eine spontane Spielsituation, eine Geschichte ...) auch als *Spielanlass* zu erkennen. Er muss verstehen, welche Bearbeitungs- und Reflexionsmöglichkeiten in dieser Situation für den Spieler und die Gruppe bestehen und welche Hilfen er möglicherweise damit anbieten kann.

Im Rahmen einer fortschrittlichen Erziehung dient das pädagogisch angeleitete Rollenspiel nicht dem Einüben vorfindlicher Verhaltensmuster, sondern dem Erleben, Erproben und Reflektieren von Handlungsalternativen!

Rollenspiel

Woher nehme ich nun Anlässe und Spielanregungen und welche methodischen Aspekte gilt es zu berücksichtigen?
1. Die Spieler sollten nicht sich selbst überlassen bleiben, vor allem dann nicht, wenn der Erzieher eine bestimmte Intention verfolgt.
2. Der Erzieher wird durch Beobachtung und/oder Mitspiel weitere Spielmöglichkeiten erkennen:
Konflikte der Spieler in ihrer sozialen Realität zum Thema machen;
zum Experimentieren mit verschiedenen Konfliktlösungen herausfordern;
Rollenwechsel initiieren und ermöglichen;
Medien und andere 'Hilfsmittel' zum Anlass nehmen (bildliche Anregungen, Spiele ...);
Exkursionen/Besuch nutzen ...
3. Erfolg und weitere Motivation zum Rollenspiel hängen weitgehend von einer Vor- und Nachbesprechung mit den Spielern ab. Der Spieler muss die Möglichkeit erhalten, Ängste mitteilen, Wünsche äussern und Veränderungsideen einbringen zu können.
4. Identifikationen werden erleichtert und somit Angst vor dem Rollen-Spielen reduziert, wenn zunächst Vorerfahrungen der Spieler genutzt werden. Kenntnisse können somit eingebracht und unterschiedliche Erfahrungen zu einem Ganzen zusammengesetzt werden.
5. Durch die bewusste Wahrnehmung einer Spielrolle kann sich der Erzieher ins Spiel einschalten und sowohl auf der gruppenpädagogischen wie auf der inhaltlichen Ebene interagieren. Er initiiert weitere Ideen, stützt unsicher gewordene Spieler, zeigt neue Perspektiven auf, setzt einen neuen Spannungsbogen an oder entkrampft bei Bedarf die Situation.
6. Weitere Spielformen können zum differenzierteren Rollenspiel führen, wenn sie im Spiel selbst erfolgen oder auch als Spiel/Übungsreihe vorgeschaltet werden (Kenn-

lern-, Interaktions-, Blödel-, pantomimische, Diskussions-, Maskenspiele u.a.m.).
Edeltrud Freitag-Becker

Literatur:
Freudenreich, D./Grässer, H./Köbeling, J.: Rollenspiel. Rollenspiellernen für Kinder und Erzieher. Schroedel Verlag. Hannover 1976
Ausführliche und sehr praxisnahe Didaktik des Rollenspiels in Kindergartengruppen und mit Erziehern. Viele Spielvorlagen.
Hoffmanns Comic Theater: Will Dein Chef von Dir mal Feuer. Rollenspiel und was man damit machen kann. Rotbuch Verlag. Berlin 1974
Eine detaillierte und sehr schnell lesbare Anleitung zum Rollenspiel in (Kinder- und) Jugendgruppen. Hinführungsspiele und Lernmöglichkeiten werden beschrieben.
Broich, J.: Rollenspiele mit Erwachsenen. rororo Taschenbuch Nr. 7307. Reinbek b. Hamburg 1980
Nonverbales und verbales Interaktionstraining als Hinführung zum Rollenspiel — drei Praxisbeispiele von Rollen- und Planspielen — kurze Darstellung der Rollentheorie — Bibliographie zum Thema.

Rollenspiel mit Jugendlichen

Das →Rollenspiel in der Kinder- und Jugendarbeit, wiederentdeckt von der Studentenbewegung, hat sich in den letzten Jahren als eine von vielen Möglichkeiten zur Hinterfragung bestimmter Verhaltensweisen (z.B. Rollenaufteilung Frau - Mann) immer mehr durchgesetzt.
Dass die Anwendung von Rollenspiel in der Jugendarbeit nicht unproblematisch ist, zeigen die nachfolgenden zwei

Ansätze über die Bedeutung der Leistungsfähigkeit des Rollenspiels:
– durch Rollenspiel können gesellschaftlich vorgegebene Normen und Werte 'internalisiert' werden.
– durch Rollenspiel können Jugendliche Verhaltensweisen vermittelt werden, die sie befähigen, in ihrer Alltagsrealität Widersprüche zu erkennen und gemeinsam zu bewältigen.
Während der erste Ansatz vor allem im Schul- und Erziehungsbereich Bedeutung hat, ist der zweite in der ausserschulischen, emanzipatorischen Jugendarbeit vertreten (vgl. Hoffmanns Comic Theater: Will Dein Chef von Dir mal Feuer; Ebert, H./Paris, V.: Warum ist bei Schulzes Krach. u.a.)
Ein Eingreifen der Jugendlichen in die gesellschaftliche Wirklichkeit soll und kann das Rollenspiel nicht ersetzen, aber es kann mit dazu beitragen, dass dieses Eingreifen effektiver wird.
Peter Grossniklaus

Schattenspiel

„Mit dem Begriff (Schemen- und) Schattenspiel bezeichnet man das Spiel der durch eine Lichtquelle auf einen weissen Schirm (oder eine Leinwand) geworfenen Schatten von unbeweglichen oder beweglichen, undurchsichtigen oder farbigen durchsichtigen Figuren." (Bührmann)

Das *Figurenschattenspiel*, eine Aufbauform des Finger- und Handschattenspiels, ein Spiel mit flachen, an Stäben geführten Figuren, geht auf afroasiatische Spielformen zurück. Java, Bali, Thailand ... sind Länder, die das mystische Spiel mit ledernen, z.T. durchbrochen gearbeiteten, bemalten Figuren entwickelt und ausgefeilt haben. In unserem Kulturraum begann man erst mit Beginn des 20. Jahrhunderts sich verstärkt für diese Kulturform zu interessieren. Das Figurenschattenspiel erhält seinen Reiz und seine magische Anziehungskraft durch den 'lebenden Schatten', der lautlos, frei von irdischer Schwere, zweidimensional, körperlos, phantastisch, grotesk, faszinierend sein Spiel treibt. Der Phantasie und den Spielideen sind hier keine Grenzen gesetzt. Und obwohl die Spielform sehr alt und die Spieltechnik viele Möglichkeiten zulässt, ist es doch auch eine Form, die bereits mit Kindern mit einfachen Mitteln gespielt werden kann, ohne dass der Spielreiz an Wirkung verlieren würde.

Das *Menschenschattenspiel* ist ein Spiel mit dem eigenen Schatten, das einen hohen Spielreiz dadurch besitzt, weil durch vielfältige 'Tricks' Unmögliches wirklich wird (z.b. einen Säbel verschlucken) und weil phantastische Geschichten faszinierend dargestellt werden können (z.B. zusätzlich mit farbigen Scheinwerfern und Kulissen).

Edeltrud Freitag-Becker

Literatur:
Bührmann, M.: Das farbige Schattenspiel. Hochwächter-Bücherei Band 12. Bern

Schule und Spiel

Eine Schulklasse. Kahle Wände. Aufgereihte Tische und Stühle. Aber jetzt ist Spielstunde. Das hat die Lehrerin versprochen. Unter grossem Krach wird eine freie Fläche geräumt. Ein Kreis wird gebildet. Nachdem etwas Ruhe eingetreten ist, fragt die Lehrerin, welche Spiele sie denn

Schule und Spiel

spielen möchten. Viele Ideen. Dreissig Schüler/innen reden durcheinander: 'Blinde Kuh', Ich sitze im Grünen ...', 'das Schlüsselspiel' ... Endlich gelingt eine erste Einigung. Es geht los.

Kein Beispiel vorbildlicher Spielpädagogik, dafür aber sehr praxisnah. *Spielen ist in der durchschnittlichen Schule noch immer etwas Fremdes. In der Schule wird vom 'Ernst des Lebens' gehandelt. In der Schule werden keimfreie Wissenshappen verabreicht — säuberlich in 45-Minuten-Schachteln verpackt.*
Dreissig Schüler sechs Sunden in einem Raum, die still zu sitzen haben und antworten sollen, wenn sie gefragt werden.
Kurzum — in der Schule wird gelernt und nicht gespielt. Das Leben ist schliesslich keine Spielerei und die Schule soll auf das Leben vorbereiten und nicht dem Vergnügen dienen. So oder so ähnlich lauten die Begründungen für eine tote, sterile Schulatmosphäre.
Aber manchmal wird in manchen Schulen dennoch gespielt (in Gesamtschulen mit eigenem Freizeitbereich sogar öfter).
Es lassen sich sechs verschiedene Formen der Nutzung des Spiels in der Schule bezeichnen.
Überprüfen Sie mal, welche Spielmöglichkeiten Sie als Schüler früher gehabt haben — in der Schule:
1. *Spielen als Überbrückung oder Lückenfüller in Vertretungsstunden.* Spielziel: Schüler ruhig halten.
2. *Spielen im Sportunterricht und in der Pause auf dem Schulhof.* Spielziel: Die Schüler sollen Bewegung haben.
3. *Spielen als gemeinschaftsstiftende Massnahme, besonders auf Klassenfesten und an Wandertagen.* Spielziel: netter Lehrer und nette Klasse machen zusammen etwas Fröhliches.

4. *Spielen als Methode des schulischen Lernens* (z.B. Übungsspiele im Englischunterricht). Spielziel: Darbietung eines zu vermittelnden Inhalts in einprägsamer und spassmachender Form.

5. *Spielen als eigenständiges Curriculum* (z.b. Spielstundenreihen, Spiel-Arbeitsgemeinschaften). Spielziel: soziale Erfahrungen mit sich und anderen machen, soziale Fähigkeiten erweitern (vgl. hierzu Daublebsky, Warns).

6. *Spielen als Kulturangebot über den Unterricht hinaus* (früher: Laienspielschar; heute: Theatergruppe, Schulspiel, Kabarett). Spielziel: Image-Verbesserung der einzelnen Schule, Erweiterung der sozialen Fähigkeiten der Schüler, Ausdruck und Vermittlung einer Botschaft).

Die Reihenfolge dieser Punkte ist keine aufsteigende Rangfolge. Jede Erscheinungsform hat in der Schule ihre Funktion.

Die räumlichen und organisatorischen Bedingungen der Schule behindern Spielsituationen, sogar in Berufsfachschulen, die künftige Erzieher ausbilden. Aber auch die Unsicherheiten von Lehrern („Spielpädagogik kam in meiner Ausbildung nicht vor!") und die Erwartungen der Eltern („Das Leben besteht nicht bloss aus Spielen!") verhindern viele Spielsituationen, in denen gerade die von der Schule oft vernachlässigten sozialen und affektiven Lernziele angegangen werden könnten.

Eine Beobachtung:

Welche Absurdität, dass in der Grundschule spielerische Verhaltensweisen abgebaut werden und dass sich dagegen die Oberstufen- und Hochschullehrer bitter über die Phantasielosigkeit und mangelnde Kreativität ihrer Studenten beklagen.

Peter Berker/U.B.

Literatur:
Daublebsky, B.: Spielen in der Schule. Klett Verlag.

Stuttgart 1975
Warns, E.: Die spielende Klasse. Jugenddienst Verlag.
Wuppertal 1976

Selbsterfahrungsspiele

Selbsterfahrung ist wie →Gruppendynamik ein Modewort in gewissen Mittelschichtkreisen geworden. An den verschiedenen Hochschulen gibt es immer wieder die Möglichkeit, an Selbsterfahrungskursen teilzunehmen. An Teilnehmern besteht jedenfalls kein Mangel.
Selbsterfahrungsspiele sind Spiele, die dem Spieler Einsichten und Erfahrungen über sich selbst vermitteln. In diesen Spielen muss sich der Einzelne mit eingeben, bereit sein, sich mit neuen Erfahrungen zu konfrontieren. Diese Erfahrungen können im kognitiven, als auch im emotionalen Bereich liegen.
Selbsterfahrungsspiele dienen hier als Mittel des gegenseitigen Austausches und fördern die Offenheit, Emotionalität und Direktheit der Mitspieler. Die Konfrontation mit dem anderen Mitspieler ist wichtige Voraussetzung für neue Erfahrungen. →Feedback-Spiele, →Konfliktspiele, →Interaktionsspiele und →Rollenspiele sind für die Selbsterfahrung der einzelnen Gruppenteilnehmer besonders günstige Spielformen.
Beispiel:
Lehrlinge spielen an einem Wochenende ihre Konflikte, die sie mit ihren jeweiligen Ausbildungsleitern haben, vor der Gruppe vor. Das Verhalten, wie man sich seinem Chef gegenüber benimmt, wird besprochen (Warum macht sich der Lehrling auch in der Körperhaltung klein? Sprachverhalten und Inhalte werden ebenso besprochen). Danach werden neue Möglichkeiten gefunden, das Verhalten zu verändern.

Diese Rollenspiele setzen voraus, dass sich die Spieler mit sich selbst auseinandersetzen wollen, d.h. dass sie bereit sind, auch 'schmerzhafte' Erfahrungen zu machen und durchzusetzen.
Die Auseinandersetzung, das Sprechen über die gemachten Erfahrungen ist bei Selbsterfahrungsspielen unverzichtbar.
Selbsterfahrungsspiele sollten nur dann eingesetzt werden, wenn der Spielleiter sie selbst schon gespielt hat, die Auswirkungen kennt.
Bernhard Pacho

Literatur:
Schwäbisch, L./Siems, M.: Anleitung zum sozialen Lernen für Paare, Gruppen und Erzieher. Reinbek bei Hamburg 1974
Hoffmanns Comic Theater: Will Dein Chef von Dir mal Feuer. Rollenspiel und was man damit machen kann. Rotbuch Verlag. Berlin 1974
Höper, C.J. u.a.: Die spielende Gruppe. Jugenddienst Verlag. Wuppertal 1974

Sexualerziehung und Spiel

Eine Gruppe in einem offenen Jugendfreizeitheim trifft sich zum vierten Mal. Thema der Gruppe: 'Sex und Liebe im Gespräch'. Teilnehmer: fünfzehn- bis siebzehnjährige Jugendliche, männlich und weiblich, Hauptschüler und Lehrlinge.
Von den Gruppenleitern wurde ein Thema vom letzten Mal aufgenommen: „Was für ein Typ Mann wäre ich gern?", bzw.: „Was für ein Typ Frau?". Die Teilnehmer bekamen jeder eine Art Fragebogen mit vorgegebenen Ei-

genschaften, Attributen und typischen Verhaltensweisen. Jeder konnte per Ankreuzen und Ergänzen der offenen Fragen seinen eigenen 'Idealtypen' zusammenstellen. Einige wollten den 'Idealtypen' spielen. Die Atmosphäre war sehr locker und lustig. Es wurde karikierend und überzogen gespielt.
Plötzlich wird einer ganz ernst: „Das ist doch albern! Warum sagen wir uns nicht unsere Meinung direkt!? Jeder kann doch von sich sagen, wie er gerne wäre, und wie er glaubt, dass er jetzt ist! Wer nichts sagen will, muss ja nicht."

Spiele in der Sexualerziehung haben verschiedene Funktionen, ich möchte drei unterscheiden:
1. Spiele können auflockern, 'etwas in Gang bringen'. Ob und wie sehr die Teilnehmer einer Gruppe mitmachen, hängt ab vom Grad des in der Gruppe zwischen den einzelnen Teilnehmern entstandenen Vertrauens. Ist einmal der Punkt erreicht, dass der Vorschlag aufkommt, von sich zu sprechen, ist zumeist 'das Eis gebrochen'. Gruppenleiter sollten mit grosser Flexibilität und eindeutigen 'Vereinbarungen' auf das Geschehen einer Gruppe reagieren! Im Fall des Beispiels oben liesse sich etwa eine Vereinbarung neu treffen: „Gut, wer noch spielen möchte, kann seinen Idealtyp noch vorstellen, dann können wir ja darüber sprechen, wie es wirklich ist. Jeder, der will, von sich."
Zu den Spielen, die 'etwas in Gang bringen' können, zähle ich:
Rollenspiele in Form von Streitgesprächen, etwa zwischen einer jungen Frau aus der Frauenbewegung, einem katholischen Pfarrer und einem Arzt über die Haltung zum Schwangerschaftsabbruch. Oder Streitgespräch von Verhütungsmitteln: Frau Prof. Patentex, Frau Dr. Pille und Herr Präser unterhalten sich über ihre Vor- und Nachteile.

Merke: Viele Jugendliche sind es nicht gewöhnt, dass ihre Meinung zählt und ernst genommen wird. Geduld nicht verlieren und immer wieder betonen, dass jeder ruhig sagen kann, was er denkt. Zum Thema Sexualität äussern sich meist nur Experten, die Kirche und überhaupt meist Erwachsene. Methoden suchen, die möglichst vielen die Erfahrung gibt, dass sie sich hier äussern können, nicht nur die 'Redegewaltigen'!

Zum Einstieg in besondere Thematiken: Geschichten mit offenem Ende, jeder bekommt ein Blatt einer fiktiven Geschichte utopischen, typischen oder realitätsbezogenen Inhalts, der Ausgang ist offen, zu zweit oder in Gruppen wird das Ende formuliert.

Bewegungsspiele und Spiele zur Sensibilisierung in der Wahrnehmung von körperbezogenen Reaktionen (nonverbale Kommunikationsformen, Wahrnehmung und Umgang mit Gefühlen).

Neben der animierenden, 'in Gang bringenden' Funktion von Spielen möchte ich die zentrierende und die kreative unterscheiden.

2. Spiele können Thematiken und Situationen gegenüber der Alltagskommunikation zentrieren, so, dass es 'auf den Punkt kommt', um den es wirklich geht. Z.B. Rollenspiele, in denen jemand einen inneren Konflikt darstellt, Darstellung von inneren Dialogen (etwa beim Thema Eifersucht: ein Teil gönnt es ihm/ihr, ein Teil will ihn/sie für sich selbst behalten).

Merke: Die bei derartigen Methoden häufig ablaufenden inneren Dynamiken verlangen Erfahrung im Umgang mit Selbsterfahrungsprozessen. Man sollte nie ein Verfahren vorschlagen, das man nicht an sich selbst ausprobiert hat!

3. Der kreativen Funktion möchte ich alle Verfahren zurechnen, die neue Erfahrungen ermöglichen. Rollenspiele, in denen man „das 'Normale' aus der Perspektive des

Ungewöhnlichen sieht", einzelne schlüpfen in die Rolle einer Prostituierten, eines Homosexuellen, einer 'Perversen' (Exhibitionisten, Voyeurs u.a.); Exkursionen mit Interviews (→Geschlechtsrollen und Spiel).
Peter Paulich

Literatur:
Viele weitere Methoden und Informationen in: Fricke, S./Klotz, M./Paulich, P.: Sexualerziehung in der Praxis. Köln 1980

Simulationsspiele

→ Darstellendes Spiel
→ Szenisches Spiel
→ Rollenspiel
→ Konfliktspiel
→ Planspiel
→ Politische Bildung und Spiel

Soziales Lernen und Spiel

Spiele zum sozialen Lernen sind Spiele, bei denen die Spieler exemplarisch Verhalten erlernen können, das sie in ihrem sozialen Beziehungssystem wiederfinden. Ziel hierbei ist es, dem Spieler Lernprozesse zu vermitteln, die er entweder noch nicht beherrscht, oder die er wieder neu erlernen soll, um die Handlungsfähigkeit zu erweitern.
Wichtige Ausgangsfragen sind dabei:
Welches sind die Bedingungen für soziales Lernen?
Welche sozialen Fähigkeiten sollen erlernt werden?

Soziales Lernen und Spiel

Die Beantwortung dieser Fragen ist notwendig, wenn die Spieler zu grösserer Autonomie gelangen sollen.
Beispiel:
In einer Schulklasse soll das Aussenseiterproblem spielerisch angegangen werden. Der Lehrer erhofft sich hierbei Auswirkungen auf die Klassensituation, da ein Kind – weil es stottert – sehr stark in die Aussenseiterrolle gedrängt wird. Der Lehrer lässt zwei Situationen spielen:
1. Fussballplatz. Fünf gute Fussballspieler brauchen einen sechsten Mitspieler, es ist aber nur noch einer da, der so gut wie überhaupt nicht Fussball spielen kann.
2. In einer Schulklasse ist ein Mitschüler, den keiner leiden mag, da er immer so unordentlich gekleidet ist. Aufgabe ist es, den Schüler zu integrieren.
Danach fragt der Klassenlehrer, ob es auch Aussenseiter in der Klasse gibt, wenn ja, warum und was daran geändert werden kann.

→ Rollenspiele, → Konfliktspiele und → Planspiele sind die Spielformen, die für die Spieler neue Verhaltensmöglichkeiten eröffnen können, da sie einen starken Realitätsbezug haben. Sprache als Kommunikationsmittel wird dabei zur Basis des sozialen Handelns. Das Erproben von Rollen und neuen Formen der Konfliktlösung können das Verhalten der Spieler verändern (→ Lernen im Spiel).
Mit Spielen zum sozialen Lernen kann auf folgende fünf Defizite reagiert werden (nach J. Fritz):
1. Schwierigkeiten beim Kennenlernen (→ Kennenlernspiele);
2. Schwierigkeiten bei der Verständigung mit anderen (− Kommunikationsspiele);
3. Schwierigkeiten, Feedback und Bestätigung zu geben (→ Feedback-Spiele)
4. Schwierigkeiten, sich selbst und Situationen zu erkennen (→ Rollenspiel, → Selbsterfahrungsspiel);

5. Schwierigkeit mit anderen zu kooperieren (→Kooperationsspiele).

Kritische Anmerkungen: Die Spiele zum sozialen Lernen können leicht zum 'pädagogischen Zeigefinger' des Lehrers werden, d.h. die Spieler verlieren die Lust am Spiel, weil sie von vornherein untersuchen, was der Lehrer wohl jetzt wieder sagen will.

Die Frage nach den sozialen Fähigkeiten, die erlernt werden sollen, ist oft ungenügend reflektiert worden, das Eigeninteresse des Spielleiters überwiegt.

Benhard Pacho

Literatur:
Kochan, B. (Hrsg.): Rollenspiel als Methode sprachlichen und sozialen Lernens. Scriptor Verlag. Kronberg/Ts. 1974
Freudenreich/Grässer/Köbeling: Rollenspiel. Rollenspiellernen für Kinder und Erzieher. Schroedel Verlag. Hannover 1976
Vagt, R.: Planspiel − Konfliktsimulation und soziales Lernen. Schindele Verlag. Rheinstetten 1978
Fritz, J.: Methoden des sozialen Lernens. München 1977

Spielaktion, Spielprojekt

Spielaktion 'Filmstadt' mit Filmstudios (Video), Maskenbildnerei, Kulissenwerkstätten, Probebühne, Schauspielagentur, Kino, Snackbar, 'Emma'-Verleihung, Filmmusikfestival, Stuntmanausbildung ...

Eine Spielaktion ist das Arrangement mehrerer Spiele und Spielmöglichkeiten (Materialien) unter einem Thema. Dieses Thema muss verschiedenste angeleitete und freie Gruppen- und Materialspiele ermöglichen. Eine solche Spielaktion erfordert viele Spielteilnehmer, viel Platz und Material, eine genaue Planung sowie Aufgabenverteilung unter den beteiligten Spielpädagogen. Da die einzelnen Aktivitäten nicht vorher planbar sind, durch die Eigendynamik der Spiele und die Einfälle der Kinder ständig sich verändernde Abläufe ergeben, müssen die Spielpädagogen flexibel mit neuen Situationen umgehen können. Ein Koordinator ist erforderlich. Dauert die Spielaktion über mehrere Tage, so ist eine tägliche Auswertung und Weiterplanung nützlich.

Planung einer Spielaktion:
1. Auswahl des Themas
    (z.B. Unsere Stadt um 1900; Zirkus; Ausflug nach Gespensterhausen; Indianerleben; Bauernkriege; Handwerker im Mittelalter; Auf der Venus; Weltreise)
2. Sammlung von Einfällen zum Thema mittels eines Brainstormings
    Einfälle
    (Vorkommnisse, Gegenstände, Personen) dann in Spielmöglichkeiten umsetzen
4. Strukturierung der Aktionsmöglichkeiten
    (Verschiedene Spiele für alle nacheinander oder mehrere Spielstationen gleichzeitig, evtl. mit gemeinsamem Schlussspiel aller Gruppen)
5. Klärung von Verantwortlichkeiten (Aufgabenverteilung)
    benötigten Materialien, Vorbereitungsarbeiten und Zeitablauf

U.B.

Literatur:
Mayrhofer, H./Zacharias, W.: Neues Spielen mit Kindern drinnen und draussen. Otto Maier Verlag. Ravensburg 1977.

Originelle und übersichtlich beschriebene Spielaktionen für offene Spielgruppen zum gegenseitigen Kennenlernen, zur Stadterkundung. Museumsspiele, Rollenspiel, Geldverdienspiele, Musik- und Materialspiele.

Spielbedingungen

→ Bedingungen für Spiel

Spielberatungsstellen

→ Beratungsstellen
→ Arbeitsgemeinschaften

Spieldefinition

In unserem Sprachgebrauch wird der Begriff Spiel für derartig viele Vorgänge angewendet, dass hier eine Beschreibung der wichtigsten und häufigsten Merkmale des Spiels ausreichen muss.
Spiel ist eine aktive Bewegungshandlung des Menschen, die häufig als eine zweite, vorgestellte Realität abläuft und in der Regel nicht äusseren Zwecken, sondern innerer Befriedigung wegen aufgenommen wird: freiwillig und ohne Fixierung auf ein Ergebnis oder Produkt.
Das, was im Spiel *Spass* macht, sind die Überraschungsmomente, die unerwarteten Handlungsabläufe.
Das, was im Spiel die *Spannung* bewirkt, sind das Risiko und die Ungewissheit, ob eine bestimmte Aufgabe erfüllt werden kann.

Das, was ein Spiel in *Bewegung* hält, ist der ständige Wechsel zwischen Spannung und Entspannung. Das, was im Spiel *Freude und Befriedigung* vermittelt, sind das Erlebnis der Gemeinsamkeit, die Bestätigung bei der Aufgabenbewältigung, die Freiheit der phantastischen Vorstellungsmöglichkeiten, die Beanspruchung des ganzen Menschen, die Selbstbestimmung des Ablaufs.

→ Spieltheorie
→ Bedingungen des Spiels
→ Gesellschaft und Spiel
→ Arbeit und Spiel
→ Lernen im Spiel

U.B.

Spielentwicklung bei Kindern/Jugendlichen

Entwicklungspsychologen und Sozialisationsforscher sind sich weitgehend einig, dass die Entwicklung der Spielfähigkeit und damit die Bevorzugung bestimmter Spielformen im wesentlichen in folgenden Phasen abläuft:

Kleinkind:
    reines Funktionsspiel = Spiel mit dem Körper und einfachem Material;
    im Krabbelalter dann Entdeckungsspiele, Wahrnehmungsspiele

2-3 Jahre:
    Objekt- und Imitationsspiele: Material- und einfache Bewegungsspiele; kleine Imitationsrollenspiele

4-6 Jahre:
    Rollenspiele; gemeinsames Gruppenspiel

ab 7 Jahren:
   Regelspiele und Konstruktionsspielzeug
   Fähigkeit zu komplexen Rollenspielen
ab 12 Jahren:
   Regelspiele; technisches Spielzeug;
   Brett- und Kartenspiele: Spiel wird immer mehr als Freizeitunterhaltung betrieben (Sportspiele; Spielgeräte).

Die generalisierten Aussagen können einzelnen Kindern und ganzen Gruppen widersprechen. Für den Spielpädagogen ist es bei der Planung von Spieleinheiten deshalb in jedem Fall notwendig, sich über die Spielgewohnheiten der Gruppe zu informieren (→Kinder, Spiel und die Erwachsenen).

Die Entwicklung der Spielfähigkeiten ist entscheidend von den →Bedingungen des Spiels abhängig.

Die Motivation zum Spiel ist in hohem Masse von den frühkindlichen Spielerfahrungen geprägt.

U.B.

Spielfest

Nein, damit ist nicht ein →Fest, also eine besondere Gelegenheit zum Feiern, gemeint, auf dem auch gespielt wird, sondern: Der Begriff hat sich in der BRD unter Sport- und Spielpädagogen für grosse, fest-artige Veranstaltungen eingebürgert, bei denen viele Spielgeräte zu mannigfaltigsten →Bewegungsspielen genutzt werden können. Gefördert wird die Ausrichtung eines Spielfestes von den Sparkassen und vom Sportbund. Erreicht werden soll ein Interesse der Bevölkerung an Bewegungs- und Trimmspielen (und nebenbei an Sportvereinen).

Da es sich immer um grosse, lang vorbereitete aufwendige Einmal-Veranstaltungen handelt, kann allenfalls auf eine Modellwirkung, aber nicht auf einen langanhaltenden sportpädagogischen Effekt gehofft werden.
U.B.

Literatur:
Palm, J.: Spielfest-Leitfaden. Bezug: Deutscher Sportbund. Postfach, D-6000 Frankfurt/M. 70.

Spiel in der Familie

→ Familienspiele
→ Feste und Feiern

Spiel im Jugendzentrum

→ Diskothekspiele
→ 'Action'-Spiele
→ Jugendliche und Spiel
→ Geschlechtsrollen und Spiel
→ Rollenspiel mit Jugendlichen
→ Ferienspielaktion

Spiel im Kindergarten

→ Kindergarten und Spiel
→ Vorschulerziehung und Spiel

Spiel in der Schule

→ Schule und Spiel

Spieliotheken

„Wir nennen uns Spieliothek und nicht Spielothek, um uns von den oft als Spielothek bezeichneten Automaten-Spielhallen abzusetzen!"

In Spieliotheken können Kinder und Jugendliche Spiele ausleihen, aber auch dort ausprobieren. Sie sind meistens gemeinnützige, öffentlich unterstützte Einrichtungen. Eltern können sich auch Ratschläge für den Kauf von Spielzeug holen. Einige Spieliotheken veranstalten auch Kurse für Kinder zum sachgerechten Umgang mit Konstruktions- und Lehrspielkästen, Kinderfeste und Basare, Spielzeugreparaturtage.
Bundesverband Deutscher Spieliotheken:
H.-H. Sternberg, Erlengrund 25, D-2202 Barmstedt
U.B.

Spielleiterverhalten

Was denn nun eigentlich: Spielpädagoge, Gruppenberater, Spielleiter, Animateur, Spielmacher, ...?
Wir haben uns darauf verständigt, denjenigen oder diejenige, der/die in der Gruppe ein Spiel vorschlägt und für seine Durchführung verantwortlich ist, als Spielleiter zu bezeichnen.

Das Verhalten des Spielleiters beginnt bereits mit der → Planung von Spieleinheiten oder -aktionen. Detailhinweise dazu unter dem entsprechenden Stichwort. Hat der Spielleiter Spiele für die Gruppe ausgewählt, – erfunden oder verändert, die für den Stand der Gruppe (Interessen, situative Bedürfnisse, Defizite und Probleme) angemessen sind, den pädagogischen Zielvorstellungen entsprechend und die räumlichen, zeitlichen und materiellen Gegebenheiten (→Bedingungen des Spiels) berücksichtigen, dann kann es losgehen (→Didaktisches Handeln, → Spielaktion)!
Wir wollen hier einige methodische Hinweise zu oft ungeklärten Fragen des Spielleiterverhaltens geben:
Wie sollte ein Spielleiter Spiele eingeben, vorschlagen?
Er sollte von allen gut verstanden werden können und mit möglichst vielen Blickkontakt halten. Die Spielregelerklärung muss kurz und präzise sein. In Gesten und Mimik muss er zum Ausdruck bringen, dass es ihm auch Spass machen würde, dieses Spiel zu spielen. Um diese Echtheit zu erreichen, sollte er ein Spiel, das ihm selbst keinen Spass macht, trotz bester pädagogischer Motivation besser nicht vorschlagen. Wichtigster Ratschlag: Das Spiel selbstsicher eingeben!
Was kann der Spielleiter gegen 'Lampenfiber' bei der Spieleingabe tun?

Vorher einen Schnaps trinken (nicht ganz ernst gemeint, aber hilft manchmal trotzdem). Sich vorher in Gedanken die Gruppe vorstellen und ihre Reaktionsweisen im Kopf durchspielen; sich alternative Spiele überlegen; Material usw. vorher in Ruhe zurechtlegen; ruhig durchatmen und entkrampft stehen; sich nicht um ein 'marktschreierisches, besonders animatives' Verhalten bemühen (→ Animatives Spielleiterverhalten).

Soll der Spielleiter mitspielen?
Ja. So oft und soviel es technisch geht, d.h. manchmal muss er verzichten, weil ein Spiel eine bestimmte Teilnehmerzahl erfordert, oder er muss die Musik an- und abstellen oder bei einer Grossgruppe den Überblick behalten. Aber sonst sollte er mitspielen, weil er damit ein nicht allzu distanziertes Verhältnis zur Gruppe gewinnt, weil er die 'Spielzumutungen' auch selbst miterleben sollte, und weil er spielimmanent das Spiel und Verhalten der Gruppe fördern kann — ohne stets 'von aussen' zu intervenieren.

Wie fördert der Spielleiter das Spielverhalten?
Er kann Handlungen und Meinungsäusserungen positiv verstärken durch Hervorheben, unterstützen, aufgreifen, loben, mit zustimmendem Nicken bewerten ... Er sollte bei der Rollenvergabe vor einem Rollenspiel darauf achten, dass schüchterne Spieler nicht an den Rand gedrängt werden, und er kann dafür sorgen, dass auch Spielvorschläge von Gruppenmitgliedern mit Randposition zur Diskussion gestellt werden. Mit dem Einsatz seiner eigenen Spielfähigkeiten muss ein geübter Spielleiter jedoch sehr vorsichtig umgehen, weil er durch seine besseren Voraussetzungen sonst leicht Spieler 'an die Wand spielt'. Beim Spielen kann der Spielleiter stets für Varianten und Veränderungen der Spielregel eintreten und damit die Spielhandlung der Gruppe immer wieder zur Entscheidung vorlegen. Besonders dann, wenn der Spielleiter

merkt, dass das Spiel die Gruppe über- oder unterfordert oder bei einzelnen Mitspielern Angst auslöst und Hemmungen eher zu- als abnehmen, sollte er sich für Spielveränderungen, Rollenumbesetzung, evtl. sogar Spielabbruch einsetzen.

Was macht der Spielleiter mit Vorschlägen aus der Gruppe, die seinem pädagogischen Konzept nicht entsprechen?
Vielleicht lassen sich solche Vorschläge durch kleine Umwandlungen doch einbauen? Wenn nicht, muss der Spielleiter entscheiden, ob die Verwirklichung eines Vorschlags aus der Gruppe für das Gruppenklima oder die konsequente Durchführung seines pädagogischen Konzepts wichtiger ist. Er sollte sich auch fragen, ob er die Ziele für alle einsichtig und nachvollziehbar besprochen hat oder ob der Vorschlag vielleicht auch ein kleiner Machtkampf eines Teilnehmers mit ihm sein kann.

Was macht der Spielleiter, wenn er keine Lust hat zum Spielen?
Ob ein Spielleiter in seinem Verhalten 'echt' ist, d.h. kongruent mit seinen Äusserungen, das merkt eine Gruppe sehr schnell. Spielen erfordert 'echtes' Verhalten. Gut wäre es in dieser Situation, wenn der Spielleiter seine Funktion an ein Gruppenmitglied abgeben kann. Oder er unternimmt besser etwas anderes mit der Gruppe.

Wie kann der Spielleiter sein eigenes Verhalten verbessern und kontrollieren?
Eine gute Kontrollmöglichkeit ist das anschliessende Feedback von einem Co-Spielleiter oder die Aufzeichnung mit einem Tonbandgerät. Hilfreich sind auch Evaluationsmethoden, die in →Auswertung von Spielen beschrieben wurden. Regelmässige →Fortbildungen, bei der auch Spielleitertrainings und Selbsterfahrungsübungen stattfinden, können ebenfalls zur weiteren Qualifikation beitragen.

U.B.

Literatur:
Arbeitspapiere in der – Zeitschrift 'spiel-päd'.
Daublebsky, B.: Spielen in der Schule. Stuttgart 1973
Huberich/Huberich: Spiele für die Gruppe. Heidelberg 1979

Spielmaterialien, Spielmittel

– Materialien zur Spielpädagogik
– Gutes Spielzeug
– Spielzeug
– Kriegsspielzeug
– Didaktisches Spielmaterial

Spielmobil

Kinderspielplätze – wie sie vorwiegend in grossen Städten anzutreffen sind – sind steril, unflexibel und wenig anziehend. Die Kinder haben dort wenig Möglichkeiten, sich selbst zu entfalten. Einfache Klettergerüste, ein Sandkasten – von Hunden belegt –, eine Schaukel und eine Rutschbahn, das sind die Gerätschaften auf einem Spielplatz.

Das Spielmobil, ein Container oder ein grösseres Auto, führt variable Gegenstände mit sich: Bälle, Kisten, Seile, Malutensilien, Federballspiele, Verkleidungskiste, Bücher, Ton, Plastikplane, Reifen etc. Die pädagogischen Mitarbeiter bieten den Kindern Unterschiedliches an, vom Stadtspiel (→Erkundungsspiel) über →Spielaktionen bis hin zu →Brettspielen. Das Spielmobil hat gerade

dort besondere Möglichkeiten, wo die Spielmöglichkeiten für Kinder sehr begrenzt sind in Arbeitervierteln und Stadtteilen mit grossem ausländischen Bevölkerungsanteil. Ein Spielmobil verbleibt mehrere Tage oder Wochen auf einem Spielplatz oder fährt an bestimmten Wochentagen immer dieselben Plätze an.
Die pädagogischen Betreuer der Spielmobile sind häufig Praktikanten der Sozialarbeit oder der Sozialpädagogik. Ziel der Spielmobilarbeit ist es, den Kindern neue Spielmöglichkeiten zu geben, neue Erfahrungen zu vermitteln, die Umwelt bewusster zu erfahren und zu gestalten. Die Pädagogische Aktion München bemüht sich seit dem Sommer 1979, einen regelmässigen Austausch der 'Spielmobilleute' aufzubauen und haben hierzu auch eine Dokumentation herausgegeben (→Arbeitsgemeinschaften).
Kritische Anmerkung:
Ein Ersatz für Abenteuerspielplätze sind Spielmobile nicht. Auf die Kinder wirken sie oft als 'deus ex machina' (Paradies aus heiterem Himmel) und kontinuierliche Projekt- und Gemeinwesenarbeit ist nur bei wochenlangem Verbleiben am selben Platz möglich.
Bernhard Pacho

Literatur:
BMBW — Werkstattberichte: Hrsg.: Der Bundesminister für Bildung und Wissenschaft, Bonn. 'Kunst für Kinder'
Pädagogische Aktion München: Spielmobile. Werneckstrasse, D-8000 München.
Kolland, D./Pacho, B./Wolf, E.: Stadtentdeckungsreise und Musikbaumgerassel. Erfahrungen, Ergebnisse und Perspektiven der Kinderkulturarbeit. Regensburg 1981

Spielmotivation

→ Bedingungen des Spiels
→ Kinder, Spiel und die Erwachsenen
→ Jugendliche und Spiel
→ Animatives Spielleiterverhalten

Spielpädagogik

Über den Zusammenhang zwischen Erziehung und Spieltätigkeit der Kinder haben Rousseau 1762 und Jean Paul 1807 nachgedacht. Friedrich Fröbel verlangt 1826 für jeden Ort einen Spielplatz. In den Zwanziger Jahren dieses Jahrhunderts widmet die Reformpädagogik dem Spiel grosse Aufmerksamkeit und werden die ersten spielsoziologischen Untersuchungen (Hetzer u.a.) veröffentlicht.

In der 'Wiederaufbauphase' nach dem 2. Weltkrieg bleibt die Spielpädagogik zunächst am Rande des erziehungswissenschaftlichen Interesses, erlebt aber Ende der Sechziger und in den Siebziger Jahren durch die 'neue' Vorschulerziehung eine grosse Bedeutung. Hier bereits deutlich verschiedene Richtungen: eine frühe Vermittlung von Kulturtechniken (Lesen, Schreiben, Mengenlehre) mit neu entwickelten didaktischen Spielen; die Bemühungen um Chancengleichheit der kompensatorischen Erziehung will Spiel- und Lerndefizite benachteiligter Kinder ausgleichen helfen; die Kinderladenbewegung entdeckt wieder die psychoanalytischen Erkenntnisse und integriert das Spielen der Kinder in soziales und politisches Lernen.

Spielpädagogik ist also keine Erfindung der letzten Jahre, aber erfährt gerade zu Beginn der Achtziger Jahre einen

neuen Aufschwung durch den Boom der kulturellen, ausserschulischen Bildung.
Die Spielpädagogik umfasst zwei Bereiche:
- *die Erziehung zum Spiel, also die pädagogische Förderung der Spieltätigkeit von Kindern, Jugendlichen und Erwachsenen;*
- *die Erziehung mit Spiel, also die Anwendung von Spiel als Methode in organisierten Lernprozessen.*

Einerseits geht es demnach um die Bereitstellung und Verbesserung von Bedingungen für das Spiel und andererseits um eine Didaktik der Spielanwendung in geplanten Lernprozessen.

Für beide Bereiche der Spielpädagogik gilt keine Einschränkung der Zielgruppen, der Spielformen oder Spielorte; Akzente setzt der erstgenannte Bereich bei der pädagogischen Beeinflussung der freien spontanen Spieltätigkeit (Ziel: Die Menschen sollen befriedigend spielen können) und der zweitgenannte Bereich beim angeleiteten Spiel (Ziel: Die Menschen sollen mit dem spielerischen Vergnügen beabsichtigte Erfahrungen machen können).

Beide Gegenstandsbereiche der Spielpädagogik geraten bisweilen zu dogmatischen Positionen von Spielpädagogen, die den Schwerpunkt ihrer Tätigkeit und das Theorieverständnis ihrer Arbeit nur in einem und gegen den anderen Bereich abgegrenzt sehen. Werfen die einen den anderen eine 'rationalistische Verpädagogisierung des Spiels' vor, so kritisieren die anderen 'die theorielose Gefühlslastigkeit' der Vorstellungen und 'unpolitische Zweckfreiheit' des Spielverständnisses. Versteht sich jedoch die Spielpädagogik als Teil einer sozialwissenschaftlichen Erziehungswissenschaft, dann umfasst ihr Gegenstand die Erforschung, Theorie und Didaktik des freien und des angeleiteten Spiels.

Was hat ein Spielpädagoge im Detail zu tun?
1. Bedingungen für mehr und befriedigendes Spiel herstellen durch Forschung, Beratung, Aus- und Fortbildung und kulturpolitische Aktivitäten.
2. Spiele und Spielmaterial untersuchen und insbesondere ihre Wirkung für die Sozialisation von Menschen einschätzen.
3. Spieltätigkeit organisieren, die den beabsichtigten pädagogischen Zielen und den Gruppeninteressen entsprechen.
Diese dritte Aktivität des Spielpädagogen muss übrigens nicht unbedingt in den traditionellen Bildungsinstitutionen, sondern kann bei einem Zeltlager genauso gut wie bei einem Spielfest im Stadtpark geschehen. Im Stichwort →'Planung von Spieleinheiten' dazu Genaueres. Die aktuelle Situation der Spielpädagogik in den Staaten der Verbreitung dieses Buches wird in den folgenden Stichworten beschrieben.
(→Spieldefinition, →Spieltheorie, →Lernen im Spiel)
U.B.

Spielpädagogik in der BRD

Die Spielpädagogik in der Bundesrepublik Deutschland hat ihren Schwerpunkt in der ausserschulischen Bildung und Jugendarbeit.
Daneben gibt es den spielpädagogischen Strang der Vorschulerziehung (Fachschulausbildung, Fortbildung der Kindergartenträger).
Die ausserschulische Spielpädagogik hat sich in den letzten zwei Jahrzehnten aus dem Amateurtheaterbereich, der traditionellen musischen Bildung (jetzt: kulturelle Jugendarbeit; →Kinderkulturarbeit) und aus verschiedenen

Bereichen der Erwachsenenarbeit (Planspiel; Gruppendynamik) entwickelt.
In Ausbildungsinstitutionen wird nur in Nebenfächern an einigen Gesamthochschulen Spielpädagogik vermittelt, allerdings gibt es in einigen Gymnasien und Gesamtschulen inzwischen Pädagogik-Unterricht u.a. mit Spielelementen. Spiel in der Lehrerausbildung (z.B. in Berlin und Dortmund) ist selten, in der sozialpädagogischen Ausbildung an Fachhochschulen dagegen üblich, wenn auch überwiegend in theoretischer Form. Der Fortbildungssektor ist in der Spielpädagogik nicht ausreichend, aber doch vielfältig von Kurz-Tagungen für ehrenmatliche Jugendgruppenleiter bis zu langfristigen berufsbegleitenden Fortbildungen (z.B. der Akademie Remscheid, Küppelstein 34, D-5630 Remscheid) ausgebaut
Trotz Modellversuchen ist es der Spielpädagogik nicht gelungen, ernsthaft in den schulischen Bereich zu gelangen (ausser wie ehedem in den ersten Klassen der Grundschule und ausser Theaterspielgruppen). In Sportvereinen (Spielfeste) und Reisegesellschaften (Spiel-Animateure) werden immer öfter auch Spiel-Aktivitäten als Freizeitbeschäftigung veranstaltet. Angesichts des derzeitigen Rückgangs des Interesses an politischer Bildung setzen sich auch politische und gewerkschaftliche Jugendverbände mit der kulturellen Bildung (und damit mit Spielpädagogik) auseinander.
Die sich verstärkende und immer mehr differenzierende Alternativbewegung unter Jugendlichen und Erwachsenen in der BRD besitzt in ihren Wertvorstellungen starke spielerische Elemente (Natur; ganzheitliches Leben; Spass, Lust und neue Sinnlichkeit) und deshalb wird Spiel in den verschiedensten Formen oft inszeniert (Strassentheater, Bürgerfeste, alternativer Zirkus). Von einer theoretisch gründlich durchgearbeiteten Spielpädagogik oder

gar sich angleichenden Standpunkten kann noch keine Rede sein (Spielforschung findet fast überhaupt nicht statt!).
U.B.

Spielpädagogik in der Schweiz

Eine Konzeptions- oder Theoriediskussion findet in der Schweiz praktisch nicht statt. Das zeigt sich vor allem darin, dass der Begriff 'Spielpädagogik' praktisch unbekannt ist. Spiel wird zwar als Methode in der Jugend- und Erwachsenenbildung relativ oft eingesetzt, aber eine Möglichkeit sich als 'Spielpädagoge' methodisch aus-, weiter- oder fortzubilden fehlt. Ansätze, die immerhin Hoffnung wecken sind vorhanden: − So gibt es in Zürich und der französischen Schweiz eine berufsbegleitende Ausbildung zum Animator/in und in Luzern, ebenfalls berufsbegleitend, die Ausbildung als Jugendberater und Erwachsenenbildner. In diesen Ausbildungsgängen haben die spielpädagogischen Methoden und die Methoden der sozio-kulturellen Animation grosse Bedeutung. Daneben besteht natürlich, wie anderswo, die Möglichkeit sich Spielfähigkeit und -methoden in gruppendynamischen und anderen Seminarien und Kursen anzueignen, sich eine Theorie durch die Literatur zu erwerben und in verschiedenen Gruppen das Erworbene auszuprobieren. Eine unbefriedigende Art methodische Fähigkeiten zu erlernen, unvollständig ausserdem, da Reflexion und Spielleitertraining fehlen.
Die Schweizerische Informationsstelle für Schulspiel in CH-8702 Zollikon/Zürich gibt seit einigen Jahren die 'Kaktus-Mappen' heraus.

Die Kaktusgruppen arbeiten hauptsächlich mit der Methode des 'themenzentrierten Theaters' (TZT) d.h. vor allem mit den Mitteln des darstellenden – und des Rollenspiels. Die Informationsstelle veranstaltet zu den Kaktus-Mappen Einführungs- und Weiterbildungskurse. Die TZT-Methode hat vor allem in den Lehrerfortbildungskursen Anklang gefunden und in beschränkterem Mass auch in den Schulen.

Auf dem Gebiet der Robinsonspielplätze (Abenteuerspielplätze), Freizeitzentren (Bürgerhäuser) und neuerdings auch mit Spielaktionen, Spielmobils und Ludotheken (Spieliotheken) hat sich vor allem die Pro Juventute (für die Jugend) eine gesamtschweizerische Stiftung mit Sitz in Zürich (Seefeldstrasse 8, CH-8022 Zürich) personell und finanziell stark engagiert. Viele praktische Anleitungen und auch einige theoretische Schriften sind im Rahmen dieser Arbeit bisher veröffentlicht worden. Die Pro Juventute hat bisher als einzige grössere Organisation sich mit Spiel und Spielformen auseinandergesetzt und diese Erkenntnisse einer breiteren Öffentlichkeit bekannt gemacht.

Alternative Gruppen und entwicklungspolitische Gruppierungen haben in letzter Zeit 'Spiel' neu entdeckt. Einerseits als Freiraum, um beispielsweise ein kommunikativeres und lustvolleres Verhalten zu erproben, andererseits als eine Methode zur Bewusstseinsbildung und zur **Auseinandersetzung mit gesellschaftlichen Strukturen** →Politische Bildung; →Konfliktspiele) als wichtige Voraussetzung für Veränderung.

Die 'Basler → Arbeitsgemeinschaft für Pädagogik und Spiel' (BAPS) hat sich zur Aufgabe gemacht, Interessenten Fort- und Weiterbildungsmöglichkeiten in Spielpädagogik anzubieten, die verschiedenen Ansätze von Spielpädagogik weiterzuentwickeln und die Theoriediskussion in der Schweiz neu zu beleben.

Peter Grossniklaus

Spielpädagogik in Österreich

"Mit Spiel wird bei uns eher noch Sport(spiel) und Casino assoziiert als die alte musische Bildung, insgesamt ist die Spielpädagogik in Österreich noch nicht sehr entwickelt."
Dr. Michael Thannhofer von der AGB

Eine Ausbildung im Bereich Spielpädagogik gibt es zwar für Kindergärtner/innen, nicht jedoch für Lehrer und Sozialarbeiter. Die Arbeitsgemeinschaft für Gruppenberatung (AGB, →Arbeitsgemeinschaften) veranstaltete 1981 ihren zweiten vierwöchigen Ausbildungskurs.
Das Unterrichtsministerium bemühte sich mit nur mässigem Erfolg, Schüler mit einem Wettbewerb zum Spieleerfinden anzuregen und das Fernsehen zeigte eine Spielzeugberatungsserie. Mit Unterstützung von Banken und Sportvereinen beginnt auch in Österreich eine →Spielfest-Bewegung, die für spielerische sportliche Betätigung und die betreuenden Sportvereine werben soll (→new games).
Die AGB begann mehrwöchige Fortbildungen für verschiedene Spielpädagogengruppen zu veranstalten, z.B. um die Teilnehmer für die spielpädagogische Betreuung der Freistunden in Ganztagsschulen zu befähigen.
Die Wiener Jugendleiterschule bildet die Mitarbeiter der Wiener Jugendzentren (mit AGB-Referenten) spielpädagogisch fort.
Auf dem Gebiet der pädagogisch betreuten Spielplätze tut sich in Österreich sehr wenig: ein Abenteuerspielplatz in Wien, einige Spielbusse der Sozialistischen Kinderfreunde (Kinderorganisation der SPÖ). Diese und die kirchlichen Jugendverbände veranstalten am meisten Seminare, Freizeiten u.ä. Hervorzuheben ist noch das Kulturreferat der Kath. Jugend Linz, die die 'Spielblätter' (→ Zeitschriften) und eine Spielkartei herausgeben.
U.B.

Spielplätze

Eine Kritik an den herkömmlichen Normspielplätzen (Sandkasten - Klettergerüst - Hundekot) ist detailliert und oft genug erfolgt. Auf Bundesgartenschauen werden auch regelmässig attraktive Holz-, Textil-, Wasser- u.a. Spielplätze vorgestellt. Bei diesen Modelleinrichtungen bleibt es zumeist. Wirklich qualitative Verbesserungen sind nur mit pädagogisch betreuten →Abenteuerspielplätzen zu erreichen. Eine zeitweise Betreuung durch das →Spielmobil ist ein unzureichender Kompromiss.
U.B.

Literatur:
Spitzer/Günter/Günter: Spielplatz-Handbuch. Hamburg 1979
Kraus, B.: Spielecken, Spielplätze. Reihe LenoZ. Basel 1979

Spielsammlungen

Ohne einen grossen Fundus, ohne ein riesiges Reservoir an Spielideen kann ein Spielleiter nicht die für die Gruppe, für Ziel und Thema passenden Spiele aussuchen. Neben einer eigenen →Kartei sind deshalb Spielesammlungen in der →Literatur und in Arbeitshilfen (→Material) nützlich. Einige Beispiele führen wir nachstehend auf. Spezielle Spielsammlungen sind auch bei einzelnen Spielformen in den Literaturangaben erwähnt.
Longardt, W./Guder, R.: Das Spiel-Spass-Buch. Neue Spiele mit Kindern. Gütersloher Verlagshaus. Gütersloh 1980

Spielsammlungen

263 Spiele und Variationen zum Kennenlernen, für den Körperkontakt, als Stegreif- und Rollenspiele; Spiele mit der Natur, mit der Sprache, mit technischen und alltäglichen Gegenständen. Das Beste an dieser Sammlung von Spielen zum sozialen Lernen für Kinder ist die Darstellung der vielen Variationen zu einer Spielgrundform: der Leser wird unmerklich in das Verändern und Abwandeln von Spielen eingeführt! Ein Buch, um Phantasie bei der Spielplanung zu lernen.

Steuer, H./Voigt, C.: Das neue rororo Spielbuch. rororo Taschenbuch Nr. 6270. Reinbek b. Hamburg 1980
Einerseits findet man in diesem Buch die Regeln vieler bekannter Brett-, Karten- und Würfelspiele, andererseits wurden 55 Kommunikationsspiele, einige Kimspiele und viele Spiele zum Bewegen drinnen und draussen aufgenommen. Die Spiele werden kurz und bündig, aber gut verständlich und bisweilen amüsant erklärt. Ein Nachschlagebuch.

Daublebsky, B.: Spielen in der Schule. Vorschläge und Begründungen für ein Spielcurriculum. Klett Verlag. Stuttgart 1973
167 Spiele für die Schule und Beiträge zum Spielleiterverhalten, über die Planung von Spielstunden, über Kindertheater und zur Spieltheorie.

Woesler, D.M.: Spiele, Feste, Gruppenprogramme. Fischer Taschenbuch Nr. 3011. Frankfurt/M. 1978
Sehr viele verschiedene Spielvorschläge (so ca. 300) vor allem für Parties, Familienfeste, Jugendzentren, Urlaubssituationen.

Sibler, H.-P. u.a.: Spiele ohne Sieger. Otto Maier Verlag. Ravensburg 1976
Viele Kommunikationsspiele und Aktionen für Kinder werden beschrieben, bei denen man nicht gegeneinander spielt, sondern bereits das Mitspielen Freude macht.

Huberich, P. und U.: Spiele für die Gruppe. Quelle und Meyer Verlag. Heidelberg 1979

Beschreibung von 230 Spielen (Wahrnehmungs-, Ausdrucks- und Kooperationsspiele) mit ausführlicher spieldidaktischer Einführung.

Brinckmann, A./Treess, U.: Bewegungsspiele. Sozialarbeit — Freizeitgestaltung — Sportunterricht. rororo Taschenbuch Nr. 7043. Reinbeck b. Hamburg 1980
Spiele mit Musik und mit Geräten, Spiele in der Turnhalle und im Schwimmbad, natürlich Ball- und Geländespiele. Jedenfalls eine Fülle von Spielvorschlägen (weit über 300) mit klugen methodischen Hinweisen und Ratschlägen für Spielleiter, die nur von erfahrenen Spielpädagogen stammen können. Übrigens sind die meisten Spiele keine Wettkampfspiele, sondern machen Spass allein durch Bewegung, Action und Körpereinsatz.

Spieltheorie

Dieses Stichwort müsste — genaugenommen — den Titel 'Spieltheorien' tragen, denn es gibt mindestens so viele Spieltheorien wie es Humanwissenschaften und politische Weltanschauungen gibt. In den Spieltheorien wird ein wesentlicher Teil des menschlichen Verhaltens erklärt und in den Zusammenhang von Sozialisation, Psychologie und Gesellschaftstheorie gebracht. Kein Wunder also, dass höchst unterschiedliche Ansätze vorliegen.

Für die *Psychoanalyse* ist Spiel eine Handlung des Kindes, mit der angstauslösende, überwältigende Erlebnisse nachvollzogen und einer Beherrschung zugeführt werden.
Für die *Entwicklungspsychologie* ist das Spiel die dem Kind angemessene Form der Reifung und Anpassung (Piaget: Übungs-, Symbol- und Regelspiel).

Spieltheorie

Für *Philosophie* und *positivistische Psychologie* ist Spiel zumeist eine (kindgemässe) Handlungsform, die ihren Zweck in sich selbst besitzt.

Für die Kommunikations- und *Interaktionstheorien* ist Spiel eine Sozialisationsform, in der das Verhalten zu Menschen und Sachen (vor allem im Rollenspiel) gelernt wird.

Die *materialistische Spieltheorie* sieht Spiel vorwiegend als kindliche Form der Aneignung von gesellschaftlicher Wirklichkeit und Veränderung an (Fähigkeiten, soziale Erfahrungen, Wertvorstellungen).

Ein Spiel*pädagoge* wird am ehesten der interaktionistischen und materialistischen Spieltheorie zuneigen, da er primär sein Interesse auf den Nutzen des Spiels für den menschlichen Sozialisationsprozess lenkt (→ Gesellschaft und Spiel, →Arbeit und Spiel, →Lernen im Spiel, →Ziele der Spielpädagogik).

U.B.

Literatur:
Spielen und Gestalten – Materialien. Gutachten und Studien der Bildungskommission Band 48/1: Die Eingangsstufe des Primarbereichs. Klett Verlag. Stuttgart
Spielendes Lernen - Kommunikation und Interaktion im Spiel - Sehen und Gestalten - Bewegungsspiel und Sport - Spielmittel.
Scheuerl, H.: Theorien des Spiels. Beltz Verlag. Weinheim 1975
Die 28 Texte in diesem Sammelband (1693-1974) spiegeln das historische Spielverständnis ebenso wie die neuere Diskussion über Spielbegriff, Einteilung und Funktion von Spielen.
Figge, P.A.W.: Lernen durch Spielen. Praktische Dramapädagogik und Dramatherapie. Quelle und Meyer. Heidelberg 1975

Methodische Grundlagen für eine spielpädagogische Arbeit mit gruppentherapeutischen Zielen. Leicht verständliche Einführung mit grosser Sammlung von Kommunikationsspielen.
Schmidtchen, S./Erb, A.: Analyse des Kinderspiels. Ein Überblick über neuere psychologische Untersuchungen. Kiepenheuer & Witsch. Köln 1976
Neuausgabe: Atheneium Verlag. Königstein
In leicht lesbarer Form werden die verschiedenen Theorien zum Kinderspiel zusammengefasst und der Nutzen des Spiels für die kognitive und soziale Entwicklung der Kinder beschrieben.
Spielpädagogik. Dokumentation des Kongresses vom 21. bis 23. Oktober 1977 in Recklinghausen. Hrsg. Landesvereinigung Kulturelle Jugendbildung. Remscheid 1977.
Referate und Diskussionen zu den Themen (leicht lesbar): Spiel und soziales Lernen - Spieltherapie - Amateurtheater - Spielpädagogenausbildung - Bedingungen für Theaterspiel. Nur bei LKJ, Küppelstein 34, D-5630 Remscheid zu beziehen.

Spielzeug

Anzeige in der Branchen-Zeitschrift 'das spielzeug', Sonderausgabe zur 32. Int. Spielwarenmesse Nürnberg 1981:

Spielzeug

Kinder brauchen Spielzeug, ...

...weil es die Erwachsenengegenstände handhabbar verkleinert und damit für Kinder beherrschbar macht;

...weil durch die Vereinfachung der Funktion von Erwachsenengeräten diese durchschaubar werden;

...weil der Umgang mit ihm sicherer als mit Alltagsgegenständen ist (meistens);

...weil dadurch bestimmte Spiele mit Requisiten unterstützt werden (Rollenspiele).

Ausserdem wird Kindern Spielzeug gekauft, ...

...damit die Quengelei aufhört;

...damit sich Sohn oder Tochter allein beschäftigen;

...weil es die Kinder 'einem danken';

...weil sie es im Fernsehen gesehen haben.

Spielzeug lässt sich grob in fünf Kategorien einteilen:
1. Spielmaterial zur Identifikation, zum Liebhaben,
2. Spielgeräte zum Sichbewegen,
3. Spielsachen zum Werken, Konstruieren, Gestalten,
4. Spiele zum Regelspiel (Brettspiele),
5. Spielzeug für Rollen- und darstellendes Spiel.

Spielmittel (so der offizielle spielpädagogische Begriff) werden nicht nach der Bedürfnislage der Kinder hergestellt und vertrieben oder nach pädagogischen Gesichtspunkten, sondern vorwiegend nach wirtschaftlichen, also profit-orientierten Zielen. Deshalb ist eine Beratung der meistens dem Angebot hilflos gegenüberstehenden Eltern sehr gefragt. Unabhängige Arbeitsgruppen haben mit Listen und Ausstellungen Empfehlungen herausgebracht (Arbeitsausschuss Gutes Spielzeug und Kips-Kölner Institut für Pädagogik und Spiel, Adressen: → Arbeitsgemeinschaften). Zur Problematik von Beurteilungskriterien für pädagogisch gutes Spielzeug siehe Stichwort 'Gutes Spielzeug' und 'Kriegsspielzeug'.

→ geschlechtsspezifisches Spielen.

→ Brettspiele.

→Herstellen von Spielmaterial.
Ausleihe von Spielzeug: →Spieliotheken.
→Didaktisches Spielmaterial.
→Material zur Spielpädagogik.
U.B.

Literatur:
Retter, H.: Spielzeug. Weinheim 1979
'spiel gut'-Arbeitsausschuss: Gutes Spielzeug von A bis Z. Ratgeber für Auswahl und Gebrauch. 'spiel gut'-Arbeitsausschuss, Heimstrasse 13, D-7900 Ulm
Die immer noch beste Informationsbroschüre über Spielzeugauswahl und -kauf für Eltern. Kritisch, leicht verständlich und auf dem neuesten Stand (1979) mit einem Lexikon aller Kinderspielmaterialien. Nur beim Arbeitsausschuss direkt zu beziehen.
'spiel gut'-Arbeitsausschuss: Kinderspiel und Spielzeug. 'spiel gut'-Arbeitsausschuss, Heimstrasse 13, D-7900 Ulm
Eigentlich ist diese Broschüre eine Festschrift, aber sie enthält viele empfehlenswerte Beiträge zu aktuellen Spielzeug-Problemen: Über Kriegsspielzeug, Sicherheitsnormen, Elektronik-Spiele usw., vor allem einen Aufsatz zur Situation von Ausländerkindern im Spielbereich. Erhältlich ist die Broschüre nur beim Arbeitsausschuss.

Sprechspiele

Da sitzt man in der Bahn oder am Lagerfeuer und weiss sich nicht so recht zu unterhalten. Einer fängt an: BAHNSTEIG. Der nächste greift den letzten Teil des Wortes auf: STEIGLEITER. Der nächste in der Reihe sagt: LEITERWAGEN und so fort. Ziel eines solchen Spiels ist ein einfaches assoziatives Aufstocken, ein Weiterführen von Wortkombinationen, die ziellos enden.

Mit einem Ziel kann ein solches Sprechspiel auch enden, wenn das ursprüngliche Ausgangswort wieder erreicht werden soll.
Oder die Kofferpackstory:
Einer fängt an: Ich habe meinen Koffer gepackt und nehme mit auf meiner Fahrt nach Amerika: er nennt einen Gegenstand, der mit dem Anfangsbuchstaben seines Vornamens beginnt. Die Mitspieler – oft sind nur wenige eingeweiht – entscheiden jeweils darüber, ob der nächste in der Runde seinen schon eingepackten Gegenstand aufgrund der vorgenannten Regel überhaupt mit nach Amerika nehmen kann.
Diese Sprechspiele machen Spass. Besonders dann, wenn Wortketten gebildet werden durch zusammengesetzte Wörter, die dennoch im Gesamtzusammenhang ein neues Wort ergeben. Beispiel:
Sprachlehrer – ergänzt: Sprachlehrerdiplom, ergänzt: Sprachlererdiplomanwärter, ergänzt: Sprachlehrerdiplomanwärteraspirant usf.
Oder: man spricht die Worte rückwärts und ergänzt ebenfalls mit 'rückwärtsgelesenen' Worten.
Harry Böseke

Stegreifspiele

'Stegreif' ist eine alte Bezeichnung für Steigbügel, und wird in Anlehnung an jene Zeit benutzt, da man aus dem Steigbügel zu jemandem sprach, ohne sich die Mühe zu machen, erst vom Pferd abzusteigen.

Im übertragenen Sinne bedeutet das, dass ich so wie 'ich angekommen bin' spreche und agiere, ohne Vorbereitungen und festes Konzept. Wort, Bewegungen, Aktionen werden im Zusammenspiel mit dem Partner gefunden. Allerdings erhalte ich für mich eine Orientierung und Spielsicherheit, wenn ich mir über drei Fragen im Klaren bin:
– Wer bin ich? Welche Rolle habe ich übernommen? Welchen Typen spiele ich?
– Wo bin ich? In welcher Situation bewege ich mich? Gibt es eine zeitliche Orientierung?
– Was will ich? Geht es um eine Handlung? Wie lässt sie sich mit dem Partner verwirklichen? Wohin soll das Spiel führen? Was soll deutlich werden?
(→Klamauk-Spiele, →Szenisches Spiel)
Edeltrud Freitag-Becker

Szenisches Spiel

Spielszene:
Einem Kind ist ein Geldstück in den Gully gefallen. Es steht am Strassenrand und weint, ein Mann kommt hinzu und versucht mit seinem Stock das Geldstück herauszuangeln, stösst es aber immer tiefer hinein. Mehrere Passanten bleiben stehen, streiten sich über die beste Angelmethode. Das Kind wird völlig vergessen ...

Szenisches Spiel ist die Darstellung kurzer Handlungsabläufe durch mehrere Spieler. Es kommt dabei nicht so präzise auf das Rollenverhalten der Spieler wie beim → Rollenspiel an, es muss auch nicht unbedingt nur stumm und mit Gesten wie bei der →Pantomime dargestellt werden, aber den Zuschauern soll etwas vermittelt werden,

Szenisches Spiel

und damit geht das Szenische Spiel einen Schritt über das →'Klamauk'-Spiel hinaus in Richtung auf →Theaterspiel.

Sinn und Zweck Szenischen Spiels kann recht verschieden sein:
- das *Anspiel,* um weiteres Nachdenken in der Gruppe zu provozieren (z.B. Strassentheaterszenen);
- das *Kabarett* und die *Revue,* die sich aus mehreren, oft nicht zusammenhängenden Szenen zusammensetzt;
- kurze *Darstellungen aus dem Gruppenleben* als Teil einer Öffentlichkeitsarbeit
- als *Umsetzung einer Textstelle* aus einer literarischen Vorlage (Bibel, politische Texte, Verordnungen ...);
- *Kritikszenen,* die karikierend Missstände in Schulen, Werbung, Rollenverhalten, Erziehungsstile aufzeigen.

Dramaturgische 'Kunstgriffe' können das Szenische Spiel verfremden, kommentieren und die Zuschauer in lerneffektive Wahrnehmungswidersprüche bringen:
Deutliche Übertreibung einer Rolle, eines Abschnitts;
Unterbrechung durch Kommentar, Bänkellied, Dias, Musik, ...;
Einfrieren: alle verharren in der Bewegung für einige Momente;
pantomimische Darstellung (ohne jegliche Sprache);
Zeitlupen-Spiel;
Wiederholung besonders bedeutsamer Sätze;
Double (ein Spieler, das Double, sagt immer, was der Spieler denkt);
durch Punktscheinwerfer einzelne Personen hervorheben oder black-out setzen;
einen Chor auftreten lassen (Sprechchor).
Als weiteren Hinweis sollen einige Methoden stichwortartig genannt werden, die bei der Entwicklung von Szenen in der Gruppe helfen können:

Szenisches Spiel

Geschichte oder Erzählung nachspielen;
Geschichte mit offenem Schluss, mehrere Gruppen spielen den Schluss;
aus Fotos Rollen entwickeln, alle Personen sollen in Szenen vorkommen;
Gedichte, Sprichwörter, Literaturzitate in ein darstellendes Spiel umsetzen;
Stegreifsituationen oder Erlebtes der Teilnehmer nachspielen;
aus einer Liste je ein Ort, zwei Personen und zwei Eigenschaften auswürfeln;
vier ausgesuchte Begriffe sollen in Szenen vorkommen, evtl. später raten lassen;
nach Karikaturen oder Comics Personen spielen;
Gegenstände im Haus suchen und dann in eine Szene einbauen;
Masken (möglichst gegensätzlich) auftreten lassen;
Geräusche (die evtl. erst noch zu erraten sind) in Szene einbauen;
Zeitungsmeldungen zu einer Szene umbauen.
Hilfreich, auch gegen die Spielangst, können Requisiten und Verkleiden sein: Oft genügen Hut, Schal, Stoffbahn, Taschen, Stöcke. Die Entwicklung und Regie der Szene sollte von der ganzen Gruppe übernommen werden (→ Theaterspiel). Aus der Aneinanderfügung von Szenen kann leicht ein ganzes Theaterstück aufgebaut werden (dazu ist ein 'roter Faden', z.B. mehrere durchgängige Hauptpersonen, erforderlich).
U.B.

Tanzspiele

Beim Siamesischen Zwillingstanz ruft einer aus der Spielgruppe ein Körperteil auf und die Tanzpaare 'kleben' für die folgende Musiksequenz an diesem Körperteil aneinander. Die Musik stoppt, jeder sucht sich einen neuen Partner und wieder wird ein Körperteil gerufen: Schultern, Po, Knie ...

Tanzspiele sind Bewegungsspiele, die vor allem durch das Element Musik strukturiert werden, hinzu kommt eine Spielregel, damit das Tanzspiel nicht nur aus den traditionellen Paartänzen bestehen muss.
Freude an der Bewegung nach Musik, Spass am Körperkontakt und wechselnden Beziehungen sind die Grundmotive für Tanzspiele. Je mehr freie Improvisation hinzukommt, desto stärker wird die Musik wahrgenommen und setzt eine Bewegungsgestaltung nach dem Rhythmus, der Melodie und der Aussagekraft der Musik ein.
U.B.

Literatur:
Kluth/Ring: Bewegungsphantasie. Tänzerische Improvisationsspiele in der Jugendarbeit. Remscheid 1981
(Bezug: Robin-Hood-Versand, →Materialien)
Steiner/Engel: Rhythmische Kurzspiele für Kindergarten, Musikschule und zur Selbsterfahrung in der Familie. Regensburg 1980
(hierzu ist auch eine Tonkassette erhältlich)

Theaterspiel

„Die eifersüchtige Konkurrenz um die Hauptrollen, die Betonung der eigenen Leistung, die Starrheit der auswendig gelernten Rollen, die durch ihre Fixierung auf die Aufführung bestimmte Probenarbeit, überhaupt die ganze Orientierung an der äusseren Wirkung an einem oder zwei Abenden sind nach meinen Erfahrungen die Kennzeichen der traditionellen Theaterarbeit an Schulen. Wie sollen Kinder dabei lernen, Spass am Spielen selbst zu haben und daraus folgend: Spass daran, aufeinander zu achten, auf andere spontan zu reagieren, in wechselnden Situationen eigene Gefühle zum Ausdruck bringen, ohne ständig auf die erhoffte Wirkung bei der Aufführung zu schielen?"
(Daublebsky, B.: Spielen in der Schule. Stuttgart 1973, S. 162)

Theaterspiel – ist das überhaupt noch Spiel? Der allgemeinen →Spieldefinition widerspricht es an mehreren Stellen: Theaterspiel ist produkt-orientiert und nicht prozess-ausgerichtet (die Aufführung, das fertige Stück ist das Produkt); man kann nicht spielen, was und wie man es will, sondern muss sich nach festen Texten und Regie-

Theaterspiel

anweisungen richten ... schliesslich bestimmen künstlerische, aufführungstechnische und ästhetische Gesichtspunkte das Spiel.
Allerdings muss das nicht so sein!
Benita Daublebsky beschreibt, wie die →Ziele der Spielpädagogik auch mit dem Theaterspiel von Kindern realisiert werden können, allerdings müssen dann einige heilige Kühe der konventionellen Theaterproduktion geschlachtet werden:
Das Stück, die Texte und Rollen können zusammen mit den Kindern selbst erarbeitet, geschrieben und bei den Proben weiterentwickelt werden. Denkbar ist sogar, mit Kindern ein →Mitspielstück zu entwerfen, das immer erst mit mitspielenden Zuschauern fertiggespielt wird. Die Stücke müssen so offengehalten werden, dass neue Einfälle leicht integriert werden können. Am leichtesten fällt das bei Handlungsrahmen, die entweder direkt dem Alltag der Kinder oder ganz utopisch-phantastischen Milieus entstammen.
Die Rolleninterpretation und die Darstellungsformen auf der Bühne (einschliesslich Bühnengestaltung) dürfen nicht von einem Regisseur allein, sondern von der ganzen Gruppe bestimmt werden. Das geschieht am besten dadurch, dass sich der anfänglich nötige und Unsicherheit nehmende Spielleiter immer weiter zurücknimmt, Diskussionsleitung abgibt, die Vorschläge aus der Gruppe fördert und ständig Alternativen zur Diskussion und Abstimmung stellt!
Nützlich ist es auch Rollen ab und an zu wechseln, auszulosen und Verantwortlichkeiten nicht für die gesamte Probenzeit bei denselben zu belassen (und diejenigen, die für die Bühnengestaltung zuständig sind, sollten stets als Team arbeiten und entscheiden).
So entwickelt und gespielt, kann Theaterspiel für die Gruppe nicht nur die erhoffte Selbstbestätigung bei der

Aufführung, sondern zahlreiche Erfolge im →Sozialen Lernen bringen.
Wie man zu Szenen und Stücken kommt, welche Darstellungsvielfalt möglich ist: →Szenisches Spiel, →Klamauk-Spiele.
U.B.

Literatur:
Finke, U./Hübner, R./Rohrer, F.: Spielstücke für Gruppen. Eine Praxis der Spielpädagogik. Chr. Kaiser Verlag. München 1977
Spiele zum Sicherwerden – Spiele für die Gruppe – Spielstücke zum Aufführen. Grossformatiges, sehr anregendes Buch, vor allem auch über Maskenbau, Puppenspiel, Schminken, Kostüme, Stücke selbermachen.
Spielen, spielen, spielen. (Theaterwerkstatt für Kinder Band 1)
Weiterspielen. (Theaterwerkstatt für Kinder Band 2) Lenos und Z-Verlag. Basel 1980
Die beiden Bände geben vielfältige praktische Anregungen für die Theaterarbeit mit Kindern. Die locker aufgemachten Bücher enthalten Erfahrungsberichte von Theaterpädagogen, Stücke zum Weiter- und Fertigspielen, zahlreiche Spielideen und didaktische Hinweise bis hin zum Schneidern von Kostümen.
Ebert, H./Paris, V.: Warum ist bei Schulzes Krach? Kindertheater Märkisches Viertel/Rollenspiel, Politisches Lernen. Teil 1 und Teil 2. Basis Verlag. Berlin 1976
Bericht von der Theaterarbeit mit Kindern in einem Neubauviertel. Probleme und Theorien werden immer im Zusammenhang mit den leicht lesbaren Erfahrungsberichten erörtert.
Barter, N.: Ravensburger Theater-Spielbuch für Kinder. Otto Maier Verlag. Ravensburg 1981

Ein gutes Einführungsbuch mit vielen eindrucksvollen, farbigen Fotos. Pantomime – Spiel mit Worten – Schminken, Verkleiden – Stimmungen, Massenszenen – Bühnenbau, Licht und Ton – Probenarbeit. Die Tips zum gekonnten Hinfallen und ungefährlichen Kämpfen auf der Bühne werden wilden Kindern besonders gut gefallen.

Therapie und Spiel

Martin kommt in das Spielzimmer. Zunächst schaut er sich um, dann geht er auf die Handpuppen zu, nimmt sie und fängt an zu spielen. Er erklärt der Therapeutin: „Dies ist Martin, das die Mutter von Martin." Er spielt eine Familienszene. Martin sagt seiner Mutter, was sie tun soll: „Putz jetzt den Boden; gehe jetzt einkaufen; koche jetzt, ich habe Hunger!" Wenn die Mutter nicht macht, was Martin sagt, wird sie geschlagen, wenn sie weint, wird sie in der Küche eingeschlossen.

Da das Spiel für das Kind das natürliche Medium ist, sich darzustellen, bietet der Einsatz von Spiel in der Therapie zwei Möglichkeiten:
- *Zum einen wird Spiel als diagnostisches Mittel eingesetzt, um herauszufinden, welche inneren Spannungen und Frustrationen das Kind belasten;*
- *zum anderen wird das Medium Spiel gezielt eingesetzt, um den therapeutischen Prozeß zu unterstützen und dem Kind neue Verhaltensmöglichkeiten zu eröffnen – zunächst im Spiel.*

Der Einsatz von Spiel in der Therapie hat seine Wurzeln in der Psychoanalyse. Seit Melanie Klein gibt es den therapeutischen und systematischen Einsatz von Spiel. 'The-

rapeutisches Spielen' setzt eine qualifizierte Ausbildung voraus (z.B. zum Spieltherapeuten, Beschäftigungstherapeuten, Gesprächspsychotherapeuten, etc.); nicht das Spiel selbst ist therapeutisch, sondern der gezielte und bewusste Umgang mit dem Medium ist es.
Kritische Anmerkungen:
Einige Spielpädagogen neigen dazu, ihr Spielen mit Gruppen als 'therapeutisch' zu bezeichnen, da die Spiele die Selbsterfahrung der Spieler fördern. Hier liegt ein Trugschluss vor, →Selbsterfahrungsspiele sind nicht therapeutisch, wenngleich sie Defizite bewusst machen können und damit verwertbare Erfahrungen für die Mitspieler ermöglichen.
Bernhard Pacho

Literatur:
Klein, M.: Die Psychoanalyse des Kindes. München 1973
Axline V.M.: Kinder-Spieltherapie im nichtdirekten Verfahren. München 1976

Veränderung von Spielen

Regelspiele werden manchmal langweilig, Brettspiele sind stets nur Wettkampfspiele, was liegt näher, als die Spiele einfach ein wenig zu verändern, damit sie uns besser gefallen?
Das kann man am besten in der Gruppe, weil eine Gruppe mehr Ideen hervorbringt, weil die geänderte Regel gleich mal ausprobiert werden kann und weil es einfach mehr Spass macht!
Die Veränderung geht am leichtesten mit einer 'Morphologischen Analyse' — das ist nicht nur ein komplizierter,

Veränderung von Spielen

ungewöhnlicher Begriff, sondern auch eine Kreativitätsmethode. Genau! Verändern hat ja schliesslich auch was mit neuen, kreativen Einfällen zu tun.

Diese Analyse heisst auch nichts weiter, als dass man sich die Merkmale eines Spiels vornimmt und dann eine der Ausprägungen (Eigenschaften) verändert. Fertig. Ein Beispiel:

Veränderung von Spielen

Spiel: *Spiel 'Mühle'*
Spielform: *Brettspiel*
Spielteilnehmer: *2 Personen*
Spielmaterial: *Spielplan mit Steinen (2x9)*
Spielprinzip: *Wettbewerb*
Spieltätigkeit: *Abwechselnd Steine setzen, Steinkombinationen ('Mühlen') bilden durch Ziehen, Steine des Gegners entfernen*
Spielziel: *viele Mühlen bilden, bis Gegenspieler keine mehr mangels Steine bilden kann*

Unsere Gruppe hat das Spiel verändert, weil so immer nur zwei Spieler spielen konnten. Wir haben die Ausprägung eines Merkmals, nämlich 'Spielmaterial' verändert: 6 Personen statt Steine und 9 Stühle statt der Schnittpunkte auf dem Mühlebrett. Die sechs Personen teilen sich in zwei Mannschaften und statt dass sie gesetzt werden, setzen sie sich abwechselnd selbst auf die Stühle. Da die Mannschaften sich nur wie stumme Steine verhalten dürfen, also nicht miteinander reden dürfen, müssen alle ständig versuchen, den Überblick zu behalten, um herauszufinden, wer von der Mannschaft sich umsetzt, um eine Mühle bilden zu können. Jetzt macht der Gruppe 'Mühle' wieder Spass.

Es ist nicht gesagt, dass die Veränderung mit einer morphologischen Analyse gelingt, aber falls es nicht mit dem ersten Merkmal geglückt ist, kann man ja noch ein anderes verändern.

Die andere Methode, ein Spiel zu verändern, nämlich der intuitive Einfall, die zündende Idee, dieser Weg bleibt einem immer noch.

'Notfalls' muss man eben doch ein ganz neues Spiel →erfinden.
U.B.

Vorschulerziehung und Spiel

Die Spielsituation der Kinder ist nicht an bestimmte, fürs Spielen hergerichtete Orte gebunden. Kinder entdecken ihre Umwelt auch ausserhalb von Spielräumen und Spielplätzen durch erforschen, nachsehen, ergründen und ausprobieren. Sie befriedigen ihr Spielbedürfnis *nicht*, indem sie mit längst bekannten Dingen an ständig gleichen Orten spielen 'müssen'. Jedoch bleibt dies für viele Kinder das tägliche Los.
Eingeengt auf *ihren* **Spiel- und Lebensraum** findet ihre Lebensbewältigung unabhängig und meist entfernt von der Arbeits- und Lebensbewältigung ihrer Eltern statt. Die Inhalte ihrer Spiele, früher durch Nachahmung dem Arbeitsprozess der Erwachsenen entnommen, sind kaum noch mit den Interessen dieser Erwachsenenwelt verbunden (→ Kinder und Spiel). Es kommt zum 'blossen' Spiel, dessen Sinn nicht ganz klar ist und das so oft nur als Störung angesehen wird: 'Hier ist kein Spielplatz', 'Spiel in deinem Zimmer'.
Auf der anderen Seite werden die Kinder vor ein anspruchvolles Lernpensum gestellt, um den Anforderungen einer komplexen Lebenswelt gerecht werden zu können. Dieses Pensum engt den Raum für selbstorganisiertes Spielen/Lernen drastisch ein (→ Bedingungen des Spiels).
Die Vorschulerziehung und somit der Erzieher steht nun vor der Aufgabe, die verarmte Spielumwelt der Kinder und das Spielverständnis der Eltern so aufzufangen und

zu beeinflussen, dass vielfältigen Entfaltungsmöglichkeiten Raum gegeben wird.

Hinzu kommt für den Erzieher das Problem, dass er sich für ein *Spiel-Arbeitsfeld* entschieden hat; ein Arbeitsgebiet, das beeinflusst wird durch:

- die Spielbedürfnisse und Spielfähigkeiten der Kinder; die Notwendigkeit, weitere Spielsituationen zu erschliessen;
- die Erfassung alternativer Spielmittel;
- den Freiraumcharakter des Spielraums; ...

aber auch durch

- die Spielunfähigkeit und Spielangst des Erziehers (→ Didaktik der Spielerziehung) und seine gesellschaftliche Abwertung zur blossen 'Spieltante (→ Gesellschaft und Spiel;
- die Erwartung, vorschulisches Beschäftigungs- und Spielmaterial sei überwiegend für die Aneignung fremdbestimmter Lerninhalte bestimmt.

In Kindergartenkonzepten und Vorschulprogrammen ist Vieles über die Wertigkeit von Spiel und die Entwicklung von Spielprogrammen geschrieben worden. Als wesentlich werden folgende Forderungen immer wieder benannt:

- Alle erwünschten (Spiel)-Verhaltensweisen der Kinder sollten nicht als naturgegeben, sondern als zu erwerbende betrachtet werden, sie sind deshalb dem formenden Eingriff des Erziehers zugänglich.
- Spiele sind so einzurichten, dass die dafür notwendigen Fähigkeiten *in* ihnen selbst erworben werden (→ Lernen im Spiel).
- Kinder ordnen sich Regeln im Spiel leichter unter (da diese als spiel-logisch erfahren werden), als von aussen gesetzten Regeln, deshalb werden moralische und soziale Normen im Spiel leichter erworben (Selbstbestimmung? Anpassung? →Soziales Lernen).

- Kinder fällen die Entscheidung für eine Spielrolle selbst. Die Regeln im Spiel folgen den Erfahrungen, die sie im Umgang mit dieser nachgeahmten Rolle gemacht haben.

Vorschulkinder trennen nicht zwischen Spiel und Arbeit. Sie beschäftigen sich mit ernsten, ihre ganze Person betreffenden Problemen und erbringen dabei grosse Leistungen. Sie erleben dieses Tun nicht als Arbeit (im Sinne der Erwachsenen), weil Zwecksetzung und Leistung selbstbestimmt und an ihren eigenen Interessen ausgerichtet sind (Didaktische Einheiten).

Die Spielumwelt sollte in Raum und Ausstattung veränderbar sein. Spielen als eine Form aktiven Lernens entfaltet sich in der Auseinandersetzung mit der Umwelt. Starre, geregelte, unveränderbare Umwelt verhindert Aktivität bzw. kanalisiert sie in vorgegebene Aktionsformen.

Edeltrud Freitag-Becker

Literatur:
Heinsoh, G./Knieper, B.: Theorie des Kindergartens und der Spielpädagogik. Frankfurt 1975
Didaktische Einheit Spielsituationen. Deutsches Jugendinstitut. München 1976

Wahrnehmungsspiele

→ Kim-Spiele

Warming up-Spiele

→ Einstieg
→ Kennenlernspiele

Wettbewerb im Spiel

→Konkurrenz im Spiel
→Kooperationsspiele

Wortspiele, Spiele mit Wörtern

Worte sind Spielzeuge. Worte kann man drehen, man kann sie misstrauisch und neugierig belauschen und man kann sie dem andern selbst im Munde verdrehen.
Worte sind Spielzeuge, die man immer bei sich hat. Wichtigste Grundlage hierzu ist die Fähigkeit, respektlos mit Wörtern umzugehen, die Ehrfurcht vor dem 'Wortgehalt' abzulegen.
Wenn in der Landesverfassung des Landes Nordrhein-Westfalen steht: EIGENTUM VERPFLICHTET geht so ein Wortspieler respektlos daher und ändert diese artige Aussage unartig um: EIGENTUM VERFLECHTET sagt er und regt so die grauen Zellen seiner Zuhörer an.
Wenn ein Drogenabhängiger das Bild eines Fixers sieht, wird er sich beim Anblick der Spritze vielleicht hinreissen lassen und sagen: EINSAME SPITZE! Der Drogenablehner sagt ihm wahrscheinlich wortspielerisch: EINSAME SPRITZE. Und so verkehrt sich ein Sachverhalt wortspielerisch um. Er wird entlarvt und auf die kritische Bedeutung zurückgeführt.
Auch die Werbung — selbst auf Assosziationsförderung bedacht — hält viele Beispiele. parat, die man assoziativ auf das Wesentliche zurück- bzw. überführt. Respektlosigkeit vor den weitbekannten AUsagen ist auch hier nötig.
Beispiel einer Arbeitsgruppe: wir sitzen zusammen mit Jugendlichen und basteln einen Jugendkalender. Ein Wer-

Wortspiele, Spiele mit Wörtern

bebild liegt vor uns, aus einer Illustrierten ausgeschnitten: Ein abenteuerlicher Reiter in abenteuerlicher Wild-West-Umgebung, zigarettenrauchend. Darüber der Zigarettenreklamespruch: FÜR DAS ECHTE GIBT ES KEINEN ERSATZ. Einer der Jugendlichen nimmt die Schere und schneidet dem zigarettenrauchenden Abenteurer einfach ein Bein weg. „Raucherbein!" kommentiert er. Und ohne die Wortreihenfolge verändert zu haben, hat der Jugendliche mit Worten gespielt. Denn der Werbespruch dokumentiert plötzlich einen ganz neuen Sachverhalt, eine Anti-Werbung: „Für das Echte (Assoziation: Bein) gibt es keinen Ersatz."

Worte können spielerisch entlarven, können eine neue Richtung und Bedeutung angeben, wenn man das Spiel wörtlich nimmt.

„Leise rieselt die Vier
Auf das Zeugnispapier
Horcht nur wie lieblich es schallt
Wenn mein Vater mir'n paar knallt."

„Kaba der Plantagentrank
macht gesunde Männer krank" (Rühmkorf)

Die Sammlungen unzählbarer Wortspiele 'aus Kindermund' von Peter Rühmkorf und Ernest Bornemann beweisen, dass Kinder seit eh und je das kritische Element des Wortspiels kennen und sich damit Luft zu machen wissen.

Harry Böseke

Literatur:
Rühmkorf, P.: Über das Volksvermögen. Rowohlt Verlag. Reinbek 1967
Bornemann, E.: Die Welt der Erwachsenen in den 'verbotenen' Reimen deutschsprachiger Stadtkinder. Fischer Taschenbuch Nr. 35078. Frankfurt/M. 1981

Zeitschriften

Für die spielpädagogische Kommunikation sind uns folgende Zeitschriften bekannt:

Spiel-päd
Arbeitsblätter zur Spielpädagogik und Kulturarbeit
Hrsg. Ulrich Baer in Zusammenarbeit mit Kips und der Akademie Remscheid
Erscheinungsweise: zweimonatlich; jeweils im Februar, April, Juni, August, Oktober, Dezember.
Inhalt: Methodische Modelle für die Spielpädagogik mit Kinder- und Jugendgruppen. Ein Spiel zum Sofortspielen in Gruppen. Arbeitsblätter für die Aus- und Fortbildung in der Spielpädagogik.
Bezugsadresse: Wullwinkel 29, D-3008 Garbsen 1

Der Spielkreis
Zeitschrift der Landesarbeitsgemeinschaft Spiel und Theater NW e.V.
Erscheinungsweise: vierteljährlich
Inhalt: Theaterpädagogische Erfahrungsberichte. Spielpädagogische Streitfragen. Mit Beiheft 'Spiel in der Diskussion'.
Bezugsadresse: Klarastrasse 9, D-4350 Recklinghausen

spielen und lernen
Das Magazin für Eltern und Kinder
Erscheinungsweise: monatlich, Abo und Kiosk in der BRD
Inhalt: Magazinteil mit aktuellen Erziehungsthemen und -ratschlägen. 'spiel mit' Extra Kinderteil. Vorschläge zum Spielen, Erkunden und für andere Beschäftigungen für Kinder von 3-10 Jahren.
Bezugsadresse: Im Brande 15, D-3016 Seelze 6

Spielblätter
Hrsg. Kulturreferat der Kath. Jugend Linz, Österreich
Erscheinungsweise: vierteljährlich
Inhalt: Spielvorschläge für Kinder- und Jugendgruppen. Geschichte als Vorschlag für's Theaterspielen.
Bezugsadresse: Kapuzinerstrasse 84, A-4020 Linz

Spielmittel
Hrsg. Werner Nostheide
Erscheinungsweise: zweimonatlich (ab 1982)
Inhalt: Pädagogische, ökonomische und historische Spielzeugprobleme
Bezugsadresse: Wenos Verlag, Schützenstrasse 30, D-8600 Bamberg
U.B.

Ziele der Spielpädagogik

Ziele, die mit spielpädagogischen Aktivitäten erreicht werden können bzw. an denen sich die Spielpädagogik orientieren kann, kommen von zwei Seiten:
1. Die Erziehung mit Hilfe des Spiels als Methode erhält ihre Ziele — wie jede andere Methodenlehre — aus der erziehungswissenschaftlichen Diskussion. Je nachdem, welcher Weltanschauung, pädagogischen Richtung und Wertvorstellung der Spielpädagoge zuneigt, wird er auch seine Ziele entsprechend auswählen und herleiten.
Für die Kenntlichmachung des erziehungswissenschaftlichen Hintergrundes dieses Wörterbuches können am ehesten die emanzipatorischen Erziehungskonzepte von Klaus Mollenhauer und Hans-Jochen Gamm herangezogen werden.

2. Das Medium Spiel fördert, wenn wir eine Wirkung über die Spielzeit hinaus unterstellen (→ Lernen im Spiel), verschiedene Kompetenzen bei den Spielern, die zu den besonderen spiel-spezifischen Zielen einer Spielerziehung definiert werden können:
- Phantasie und schöpferisches Handeln
- Ganzheitliche Entwicklung (Körper-Seele-Geist)
- Kooperatives Verhalten
- Selbstbestimmte, wenig entfremdete Handlungsbereitschaft
- Genussfähigkeit, lustbetonte, sinnliche Empfindungsfähigkeit
- Erfahrung, dass Lernen eine sehr vergnügliche Sache sein kann und sich 'nebenbei' ergibt

Diese Liste spiel-typischer Erziehungsziele ist nicht vollständig, aber an ihr wird bereits deutlich, dass diese Ziele in den Kanon der Ziele emanzipatorischer Erziehung passen, jedoch in der Schule kaum gefördert werden. Damit geraten die Ziele der Spielpädagogik in den Widerspruch zum (meist heimlichen) Curriculum der etablierten Erziehungs- und Ausbildungsinstitutionen.

U.B.

Literatur:
Mollenhauer, K.: Erziehung und Emanzipation. München 1971
Gamm, H.-J.: Kritische Schule. München 1970

spiel-päd (14)

Arbeitsblätter zur Spielpädagogik und Kulturarbeit   Juli/Aug. 81

Herausgeber: Dipl.-Päd. Ulrich Baer, in Zusammenarbeit mit der Akademie Remscheid und dem Kölner Institut für Pädagogik und Spiel (Kips).
Anschrift von Verlag und Redaktion: Wullwinkel 29, 3008 Garbsen 1;T:05137/79583
"spiel-päd" erscheint alle zwei Monate im Selbstverlag. Einzelpreis: 2,40 DM.
Abo-Preis je Ausgabe: 2,00 DM zzgl. 1,00 DM Porto und Versand.
Der Preis enthält das Recht zur nicht-kommerziellen Vervielfältigung!

In dieser Ausgabe:

SPIELKARTEIEN

Wir testen drei Spielkarteien und stellen sie ausführlich vor und machen einen Vorschlag für die Einrichtung einer eigenen Kartei.

SPIELKETTEN

Ein neuer "spiel-päd"-Service: die Zusammenstellung mehrerer Spielvorschläge zu einem 9o Minuten-Spielprogramm. Diesmal Spiele, die mit geschlossenen Augen zu spielen sind: Spielkette "Blindspiele".

INFO-ACTION-SPIEL

Zum Sofortspielen diesmal ein Kennenlernspiel mit Bewegungsaufgaben und Fragen für bis zu 10 Spielern ab 10 Jahren.